GW01563972

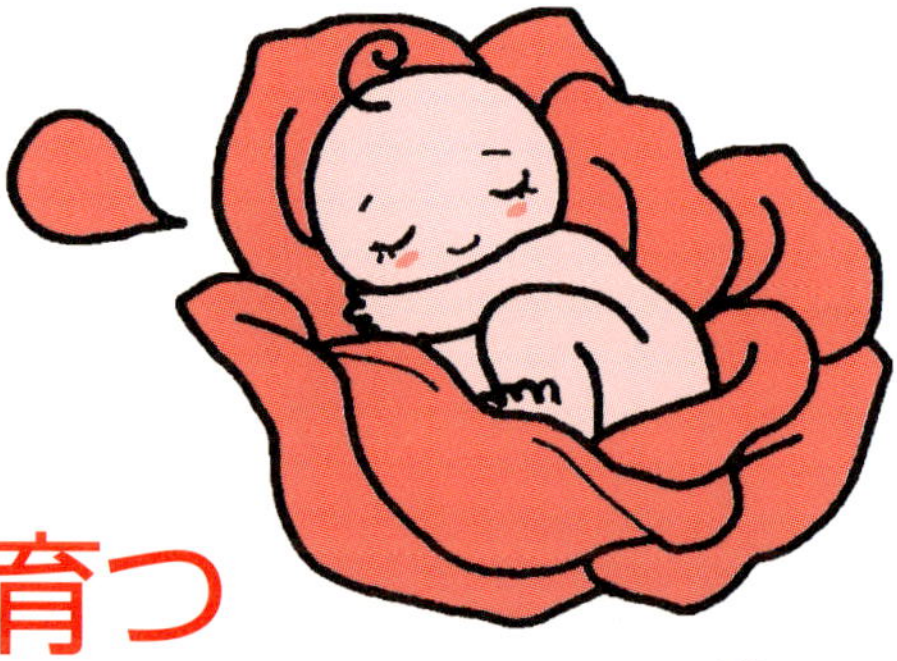

健康な子、
元気な子に育つ

ベビードレナージュ

Baby Drainage

山田光敏
Mitsutoshi Yamada

PHP

はじめに

「子どもは生まれながらにして生きる力を持っている。適切な環境と援助が与えられるならば、子どもたちは自ら成長する存在である」

これは幼児教育法として知られるモンテッソーリ法の創始者、マリア・モンテッソーリの有名な言葉です。私はこの言葉を心に留めて、赤ちゃんに接するようにしています。

仕事柄、多くの赤ちゃんに出会います。脳性麻痺《まひ》やダウン症といった赤ちゃんから発達障碍《しょうがい》の赤ちゃん、夜尿症や夜泣きの続くお子さんまで本当に様々な症状の赤ちゃんと接しています。私はどんな障碍を持ったお子さんでも諦めることなく、適切な援助を行なうように心がけています。なぜなら、障碍は成長を覆い隠すことはないからです。

少し前までは、ダウン症の赤ちゃんは発育がゆっくりだから三歳ぐらいまでに歩くことができればよい、と考えられていました。ところが、ベビードレナージュを受けるダウン症の赤ちゃんは、一歳前後で立ち始め、一歳半ぐらいには歩き始めるケースが少なくありません。ゆっくりと思われているダウン症の赤ちゃんも、適切な援助があれば、健常児と同じような発育を見せるのです。

もちろん、この本は障碍を持った赤ちゃんのためだけのものではありません。冒頭で紹介したモンテッソーリ法は、当初、障碍を持った子供のための教育法として生まれました。ですが、マリア・モンテッソーリは障碍を持った子供限定ではなく、健常児にも当てはめて教育を行ない、成果があったために今日のような広がりを見せたのです。

私のベビードレナージュも、当初は障碍を持った赤ちゃんのために行なってきたものです。そして、先ほど紹介したような効果を積み上げてきたのです。効果を実感したお母さん方が、赤ちゃんの兄弟にも行なうようになるのは自然の流れだったのでしょう。兄弟に行なったさまざまな効果を報告していただいた一部を紹介します。

・子供が落ち着くようになった
・夜泣きがなくなった
・子供に愛着を強く感じるようになった
・背の伸びが早くなった
・お腹の調子がよくなった
・ミルクの飲みがよくなった

赤ちゃんと積極的にスキンシップを図ることは、赤ちゃんの心を養います。お母さんに愛されていることを知る充足感で赤ちゃんは安心するのです。ただ、赤ちゃんのからだは〝未完成〟で生まれてきますから、マッサージにはちょっとした秘訣《ひけつ》があります。その秘訣を分かりやすく紹介するのが本書の目的なのです。

本書は私の施術を受けなくても、赤ちゃんの発育を促《うなが》すことができるように書かせていただきました。発育のことだけでなく、育児の中で、多くのお母さんが共通で悩まれる症状を緩和するための方法も多数紹介しております。赤ちゃんの成長の一助として、一人でも多くのお母さん方に活用していただくことがこの本の目的なのです。

最後に、本書を書き上げるにあたり、全国のダウン症や脳性麻痺のお子さんを持つご両親から多くの激励と示唆《しさ》に富むお話をいただいたことに深くお礼を申し上げます。また、各地域でいつも講習会を取りまとめてくださる家族会の皆様、遅筆な私を温かく見守ってくれたＰＨＰ研究所の編集部の皆様、私の治療院スタッフと愛する家族、この本はそういった多くの方の支えなしでは完成することができませんでした。本当にありがとうございました。

平成一九年四月

皇琲亭にてグァテマラを飲みながら

山田光敏

ベビードレナージュ＊もくじ

第2章 ベビードレナージュの基本

第3章　症状別に行なうベビードレナージュ

第4章　赤ちゃんのために行ないたい生活習慣

装幀・石間淳　イラスト・桂早眞花　本文デザイン・株式会社ワード

第1章

赤ちゃんは“未完成”で生まれてくる

1 赤ちゃんは未完成の状態で生まれてくる

テレビを見ていると、多くの動物は生まれてすぐに自分の足で歩けるようになります。一年近くも自分の力で満足に歩けないのは人間くらいでしょう。言い換えれば、人は未完成な状態で生まれてくるのです。

未完成で生まれてくるがゆえのプラス面とマイナス面が存在します。しかし、最近ではこのマイナス面における問題が起きやすくなっているのです。お母さんはこのマイナス面を十分に理解し、出産～育児における問題に対処していかなければならないのです。

赤ちゃんを見ていますと、本当に未完成で生まれてくるのがよくわかります。感覚に関してはほとんどが未発達です。生まれたときには目もよく見えませんし、音に対しても不十分です。味覚や嗅覚《きゅうかく》の感受性もよくありません。

感覚だけではありません。暑さや寒さに対しても弱く、大きな気温の変化には適応することができません。皮膚が弱いこともあり、すぐにあせもができたり、湿疹《しっしん》がで

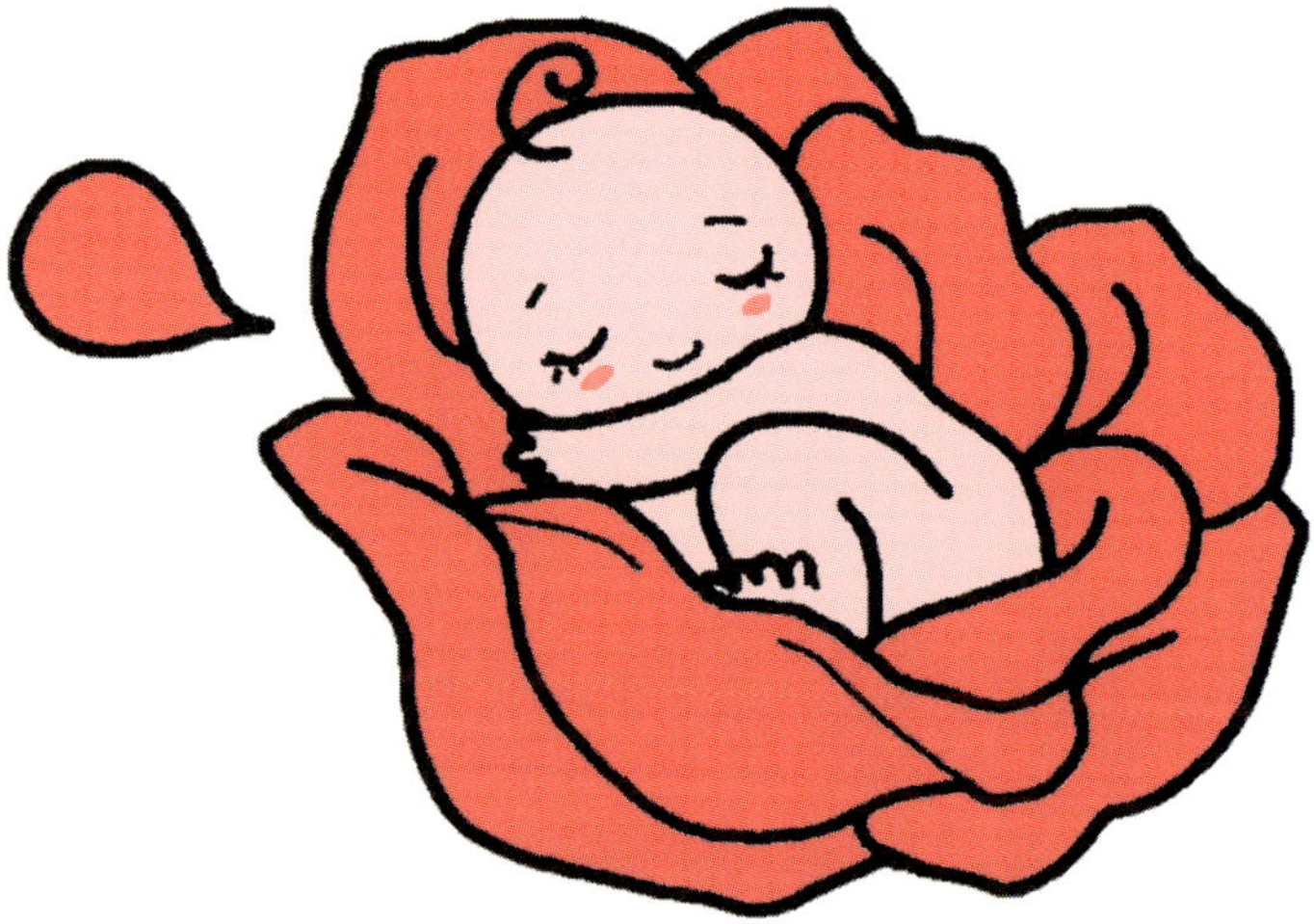

きたりもします。

食べ物に関してはもっとも自立できていません。成長とともに食べられるものが増えてきますが、腸自体が未完成ですから、消化のよい母乳（またはミルク）しか最初は受けつけません。

運動に関しても発達がゆっくりでしょう。自分で満足に移動できるようになるには生後、三年くらいは必要です。手先の器用さや協調運動となると、さらに三年以上の期間が必要となります。

赤ちゃんのからだは、未完成というよりも生命を保つ最低限の状態で生まれてきたといえるのです。

2 なぜ人は未完成で生まれてくるのか

なぜ、人は赤ちゃんを完成状態で産めないのでしょうか。

その最大の理由は、胎盤《たいばん》そのものが大きな子供を養うようにできていないからです。お腹の中で赤ちゃんを育むことができるのはせいぜい五キロ程度。これを超えてしまうと胎盤が重さに耐え切れなくなってしまうのです。

おそらく、人間が二足歩行をするようになったため、未完成な赤ちゃんを産まざるを得なくなったのだと思います。四足歩行の動物の場合、産道は重力の作用する方向にはありません。腹筋が胎児の重さを支えています。ですが、二足歩行の人間は産道が真下にありますから、胎児の重さを支えるのは胎盤しかありません。赤ちゃんが重くなると、自然と妊娠を継続することが難しくなるのです。

胎盤が重さに耐えられなくなるだけではなく、育てられる赤ちゃんに限界があるからです。胎盤は赤ちゃんにとって呼吸と消化、そして排泄《はいせつ》を同時に行なう場所です。お腹の中の赤ちゃんは、「胎児循環」という特殊な血液循環のため、からだのすみず

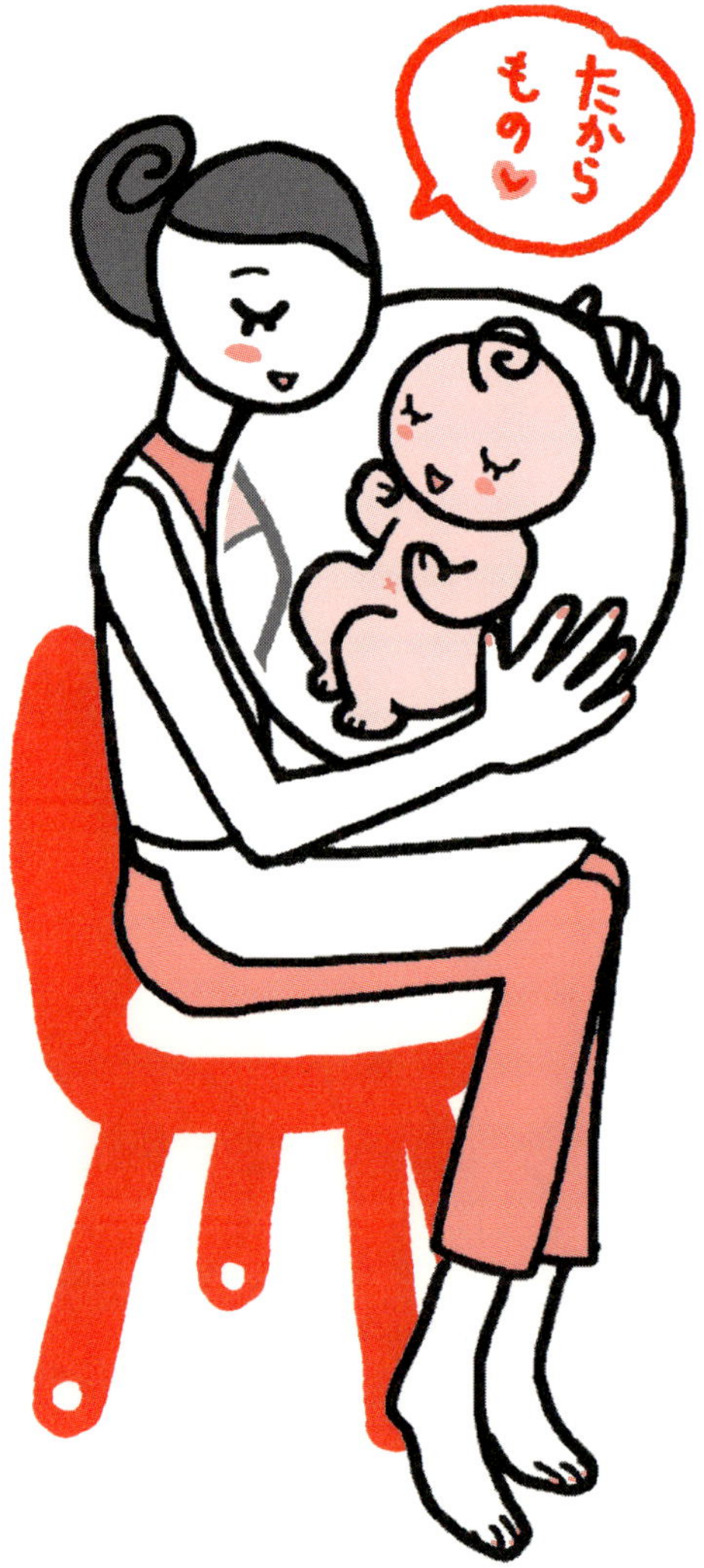
たからもの

みに酸素や栄養を行き渡らせることができません。これは胎盤の能力に限界があるからで、赤ちゃんの手足が胴に比べて小さいのはこういった理由からです。

これらの理由で、赤ちゃんを未完成の状態で産まざるを得なくなってしまったのです。

未完成で生まれてくるのは人間くらい

哺乳《ほにゅう》類の中で、出産後も長く自分で食事ができないのは人くらいでしょう。

満足に自分で食事ができるようになるのはおそらく二歳くらいから。それだけではありません。歩行能力やコミュニケーション能力といったことを考えると、人というのは早く産み落とされてしまっ

た感を否めません。

たとえば、人と同じ親類関係にあるニホンザルの場合、生まれてから三カ月くらいで歩けるようになります。ニホンザルの寿命は二五歳前後ですから人の三分の一程度。そういったことを考慮しても発達は早いといえます。

ところが、自分の食事を探し出すということについていえば、三分の一どころの話ではありません。ニホンザルは歩行開始とほぼ同時に、自分の食事は自分で探すようになるのです。人の場合、何歳くらいでしょうか。三歳でも自分で食事の用意をすることは困難でしょう。

ほかにも、さまざまな面で人というのは発達が不十分な状態で生まれてくるのですが、この未完成状態の出産こそが、人に高度な能力を獲得させるためのものといえるのです。

未完成で生まれてくる利点

赤ちゃんが未完成で生まれてくる利点を考えてみたいと思います。

まずは、母体に対する負担が少ないことでしょうか。先ほど、胎盤が赤ちゃんの体重の増加に耐えられないと書きましたが、もっと切実な理由があります。二足歩行の場合、胎児や胎盤、羊水などの重さを骨盤で支えなくてはなりませんから、荷重関節と呼ばれる腰や膝《ひざ》関節にかかる負担が激増します。

仮に、赤ちゃんが一歳くらいの大きさになるまで胎内で成長するとしたらどうなるのでしょうか。一般的に体重が五キロ増えるごとに、膝にはその四倍もの負担がかかります。一歳の赤ちゃんの体重が一〇キロとしたら、お母さんの体重は羊水なども含めると二〇キロ増加します。すると膝の負担は八〇キロにもなります。ここまで増加してしまうと、おそらく、大半の人の膝は壊《こわ》れてしまうことになります。

赤ちゃんにも利点があります。出産時の苦しみが少なくてすむのです。産道の広さはわずか一〇センチほど。この狭い産道を赤ちゃんは潜《くぐ》り抜けなければならないのです。もし、赤ちゃんが大きかったら、きっと産道を抜けて出てくることができなくなり、母子ともに危険な状態になってしまうことでしょう。赤ちゃんが未完成で生まれてくるからこそ、お母さんのからだを壊すことなく、比較的安心なお産となるのです。

三歳でようやく人らしくなる

赤ちゃんのからだで最も成長が早いのは〝脳〟といわれています。脳の中でも最も早く成長するのが、感覚や動作など人が生きていくうえで最も基本的な部分で、その八割が三歳までに完成するといわれています。

脳の発達だけではありません。自分である程度からだを自在に動かせるようになる

のが三歳くらいになります。指先も少しずつ器用になって、パジャマのボタンを一人でかけることができるようになるのが三歳。お箸《はし》を使えるようになるのも三歳くらいでしょう。ある程度、走ることができるようになるのも同様に三歳くらい。赤ちゃんは三歳になってようやく、人らしい生活ができるように成長するのです。

そして、人としてこころとからだがきちんと完成するのはその後、二〇年も先の話です。人の成長は三歳くらいまで急速に進み、後はそれを基礎としてじっくり形作られていくのです。人が不完全で生まれてくるからこそ、人はさまざまな方向に発達することが可能になり、ほかの動物とは違い、多くの分野で活躍することができるようになるのです。

3 赤ちゃんが〝フニフニ〟しているのはなぜ？

よく、張りのある潤《うるお》った肌のことを「赤ちゃんのような肌」といいます。ですが、実際に生まれてきたばかりの赤ちゃんの肌を触ってみると、肌は〝フニフニ〟していて張りはなく「お猿さん」のように感じると思います。最初は、羊水に長く浸《つ》かっていたのだから、お風呂上がりのときの指先のように、しばらく経てばプルンとした玉のような肌になると思って見ていても、なかなか玉のような肌にはならず、皆さんが思い描いているような肌になるのは、生まれてから数カ月も経ってからなのです。

人の赤ちゃんは不完全で生まれてきます。さまざまな機能が不完全ですが、からだの体液循環機能も不完全で、それが赤ちゃん特有のフニフニ感を作っているのです。

赤ちゃんは体液循環が十分ではない

体液というのは、「血液」「リンパ」「細胞間質液」を指します。これらの循環機能が不十分で生まれてくるのには、お母さんのお腹の中で育ったことが関係しています。

赤ちゃんは、お母さんのお腹の中では「胎児循環」という独特な循環経路を持っていることはお話しました。大人なら酸素を多く含んでいる動脈血を全身に送り出して、二酸化炭素と交換して静脈血が心臓に戻ってくるのですが、胎児の場合は動脈血と静脈血の混合血が送り出されて、静脈血が心臓に戻ってきます。

限られた酸素の量でお腹の中の赤ちゃんを養うためですが、少ない血液が循環することによって、赤ちゃんはお腹の中で成長を抑えられているのです。これが体液循環機能の発達を遅らせる原因にもなっているのです。

赤ちゃんはお母さんのお腹から出てきた瞬間に、肺の中では肺胞が急激に膨らみ、酸素と栄養は自分の力で取り入れなければならなくなります。すると、からだは命に直接関係する機能から発達していきますから、どうしても体液循環の機能は、後回しになってしまうのです。それが赤ちゃんのフニフニ感が長く続く理由と考えられるのです。

固太《かたぶと》りを促してあげるとからだの発育が良くなる

赤ちゃんのフニフニ感を別な言葉で表すと「むくみ」という言葉が一番近いかもしれません。むくみがひどい脚を触ったときの感触を思い出してください。きっと、生まれて間もない赤ちゃんの肌を触ったときの感触に近いはずです。

脚がむくむとどうなるのでしょうか。脚がだるく、疲れが抜けにくくなります。脚も冷えやすくなります。成長期のお子さんがむくみを感じる場合、身長の伸びが悪くなる傾向にあるそうですが、からだのむくみは、からだの機能を低下させてしまうのです。これは、赤ちゃんにも同じことが言えます。

からだがフニフニしていると、からだだけでなく精神的な発育もゆっくりとなります。

たとえば、歩くのが早めのお子さんに、からだがフニフニしている子は見当たりません。言語の発育のよいお子さんを見ていても同じです。反対に、なかなかフニフニ感が取れないお子さんは、からだの発育もゆっくりで言語

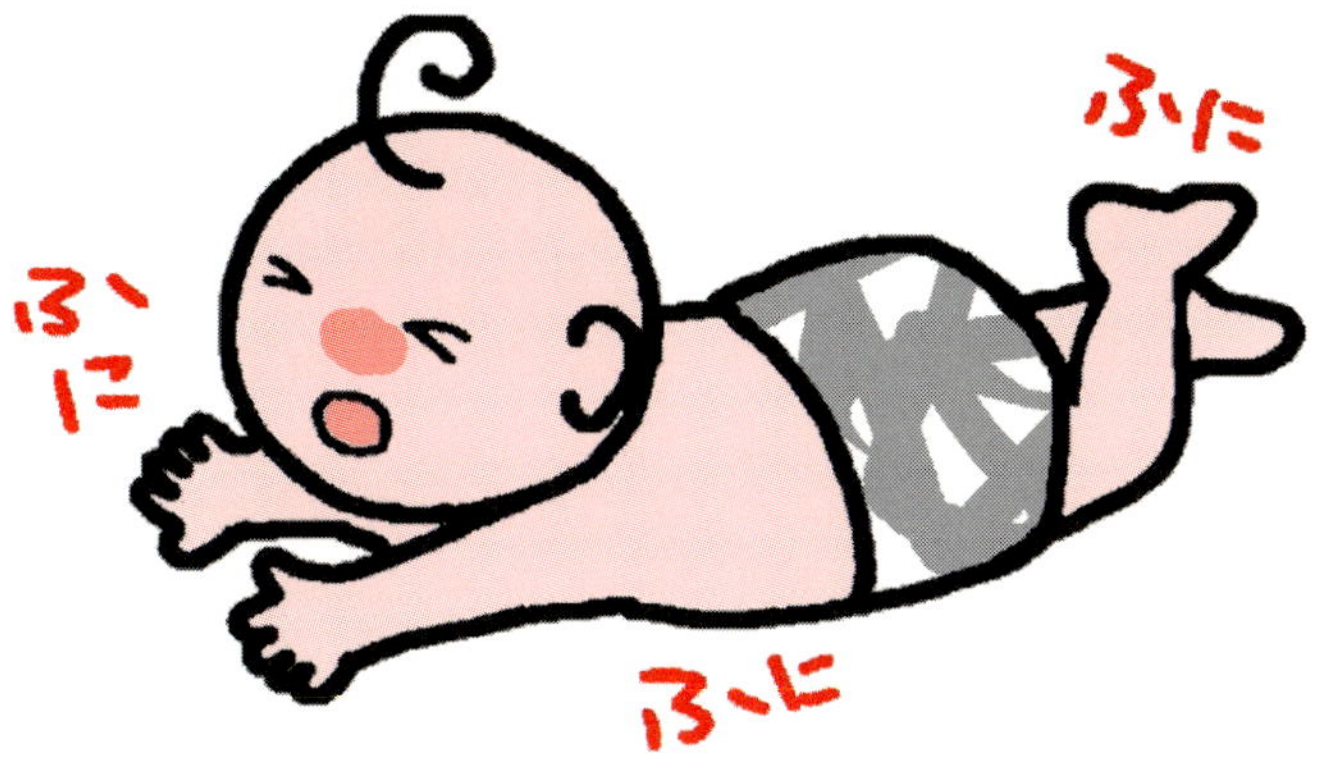

もゆっくりとなります。

フニフニ感が早く取れればそれだけ、知的な面も含めてからだの発育全体が促されるのです。

体液循環を促すには

体液循環は、次の作用によって促されます。

- **心臓のポンプ作用**
- **体温**
- **筋肉の収縮**
- **関節運動**
- **外からの刺激**

大人の場合は、自分でエクササイズを行なったり、セルフマッサージを行なったりすることで体液循環を促すことができます。

ですが赤ちゃんの場合は、心臓のポンプ作用は非常に小さく、自分でからだを動かすのも十分ではありません。ですから、体液循環を促すには「外からの刺激」に頼らざるを得ないのです。そこで、体液循環を促すための「外からの刺激」をお母さんに覚えてもらい、赤ちゃんに行なってもらいたいと思うのです。

ただ、赤ちゃんは不完全で生まれていますから、強い力でゴシゴシさするようなマッサージを行なうと、循環機能はかえって壊れてしまいます。大人でさえ、強いマッサージを行なうとリンパ管が壊れてしまうのですから、赤ちゃんはいうまでもありません。そこで、循環機能の発育を促しながら、体液循環を改善するためのベビーマッサージ、ベビードレナージュを紹介したいと思います。

第2章

ベビー
ドレナージュの
基本

1 ベビードレナージュは〝ゆっくり〟〝非常に弱く〟〝大きく〟が大事

ベビードレナージュは、円を描くような動きで行ないます。それを〝ゆっくり〟と〝非常に弱く〟そして〝大きく〟行ないます。

今まで、ほかのベビーマッサージを行なってきた方は、きっと「こんなに弱くても効果があるの？」と驚かれることと思います。これは赤ちゃんのからだの特性によるもので、弱い力だからこそ、体液循環が促《うなが》されていくのです。

手順としては頭から始めます。それは、普段から頭をなでながら、赤ちゃんに言葉かけをすることが多いからです。赤ちゃんは言葉をかけながら行なうと、頭のマッサージを受け入れてくれやすくなります。

ただ、何かしらの障碍《しょうがい》をお持ちの赤ちゃんで、頭に過敏な状態がある場合は脚から行なうのも一つの手です。手順はある程度決まっていますが、必ずしも本書のとおりの手順にこだわらなくても効果がありますので、ご安心ください。

非常に弱く行なうのはなぜ？

ベビードレナージュと一般のベビーマッサージの大きな違いは、マッサージを強く行なわないことです。ベビードレナージュの講習会でも、多くのお母さん方から「こんなに弱くていいのですか？」と聞かれるほどですが、どうして強く行なわないのでしょうか。

それは赤ちゃんの組織は非常に弱いからです。

多くのベビーマッサージは、少しでも赤ちゃんに対する摩擦を少なくするためにオイルを使います。ただ、赤ちゃんは皮膚が弱いのでオイルが合わない場合もありますし、オイルを使って刺激から保護されるのは皮膚ぐらいですから、強いマッサージは結局、リンパ管を壊してしまうなど赤ちゃんにとって負担になってしまいます。

次に、赤ちゃんの体液循環を促すためには、強いマッサージは逆効果になってしまうからです。

強い刺激はリンパ管を壊してしまうだけではありません。リンパ管を収縮させてしまい、流れを滞《とどこお》らせてしまいます。血管も同じで、特に手足が冷えると赤紫に皮膚がまだらになる（リベドといいます）お子さんは血液の循環が悪く、強いマッサージを行なうとひどくすることがあります。体液循環は弱い力で行なうほうが改善しますので、ベビードレナージュは非常に弱い力で行なうようにするのです。

どれくらいの月齢から始められるか

生後まもなくから始めることができます。退院して育児のリズムをつかみ始めてから行なうと、お母さんの負担も少なくなると思いますので、生後二カ月くらいから行なうことをすすめたいと思います。

ただ、月齢によってベビードレナージュの時間は若干異なります。０カ月の赤ちゃんは一回に三分程度、軽く流すような感じに行ないますし、五カ月の赤ちゃんなら一回に二〇分をめどに行ないます。また、同じ五カ月でも、始めたばかりの頃は五分くらいから始めて徐々に時間を延ばすようにしてください。

一日に行なう回数も同様です。月齢が低いうちは一日一回をめどに行ないますが、大きくなるにつれて一日に数回行なうことも可能になってきます。

成長を促すのを目的とする場合は一日に一回がよいと思いますが、ダウン症のお子さんなどでからだのフニフニ感が残っているような場合は、一日に二〜三回行なうと効果的です。

からだが小さいうちに長時間行なったり、回数を重ねたりすると赤ちゃんが疲れてしまい、機嫌が悪くなることもあります。最初からがんばり過ぎないようにしてください。

2 ベビードレナージュの効果

ベビードレナージュでは、直接的に次のような効果を期待することができます。

- 赤ちゃんの固太りを促す（筋肉の発育を促す）
- 網状《もうじょう》皮斑《ひはん》（リベド）の改善を促す
- 手足の冷えを解消する
- 腸の働きを促す
- おしっこが出やすくする

ほかに、ベビードレナージュの動きの特性から、次のような作用も期待できます。

- 赤ちゃんの興奮をしずめる
- 成長ホルモンの分泌を促す
- 脳の成長を促す
- からだの強い緊張を緩和する
- てんかんを抑える

3 ドレナージュを行なう際に気をつけること

※必ず読んでください

次のような症状の赤ちゃんには行なわないでください。

・発熱のあるとき
・トビヒなど細菌感染にかかっているとき
・心臓に負担のあるとき（主治医が許可を出した際はその限りではありません）
・白血病
・その他、急性炎症や急性疾患

次のようなときは、ベビードレナージュを控えるか、対象部位には行なわないでください。

・甲状腺機能低下症のときは首および肩回しを行なわない
・腸の疾患のあるときはお腹周りを行なわない
・湿疹《しっしん》部位は避ける
・リベドがでやすいお子さんは非常に弱く行なう

・アトピー性皮膚炎のお子さんや乳児湿疹があるお子さんは、その部位を控える
・症状が緩和しない際はかかりつけのお医者さんに相談する

いつ行なえばいいの？

一番のおすすめは、沐浴《もくよく》を済ませ、白湯《さゆ》を飲ませた後に行なうことです。部屋は二五～二六℃くらい。裸でも寒さを感じない温度にします。できるだけベビードレナージュを中断しなくてもよい環境を作ります。オムツは締め具合を緩め、肌着はなるべく着せずに行ないますが、少し風邪っぽいときは肌着を着せても構いません。

そして音楽です。音楽はなるべく〝低め〟で〝ゆったり〟とした曲調のものを選んでほしいと思います。赤ちゃんに語りかけるときは、〝高め〟の声で〝ゆっくり〟と〝大きく〟話すのが基本ですが、これは赤ちゃんの意識を高めるために行ないます。ベビードレナージュの際にかける音楽は、赤ちゃんの興奮を取り除き、リラックスした状態で受けてもらうために〝低め〟の音を選んで欲しいのです。

ベビードレナージュの際にかける音楽を探していたときに、ほかのコースで通われているお客様から、「胎内にいるときに赤ちゃんが聞いているお母さんの声に近い楽器はコントラバスなんですよ」と教えられました。そして、池松宏《いけまつひろし》さんの『5つの

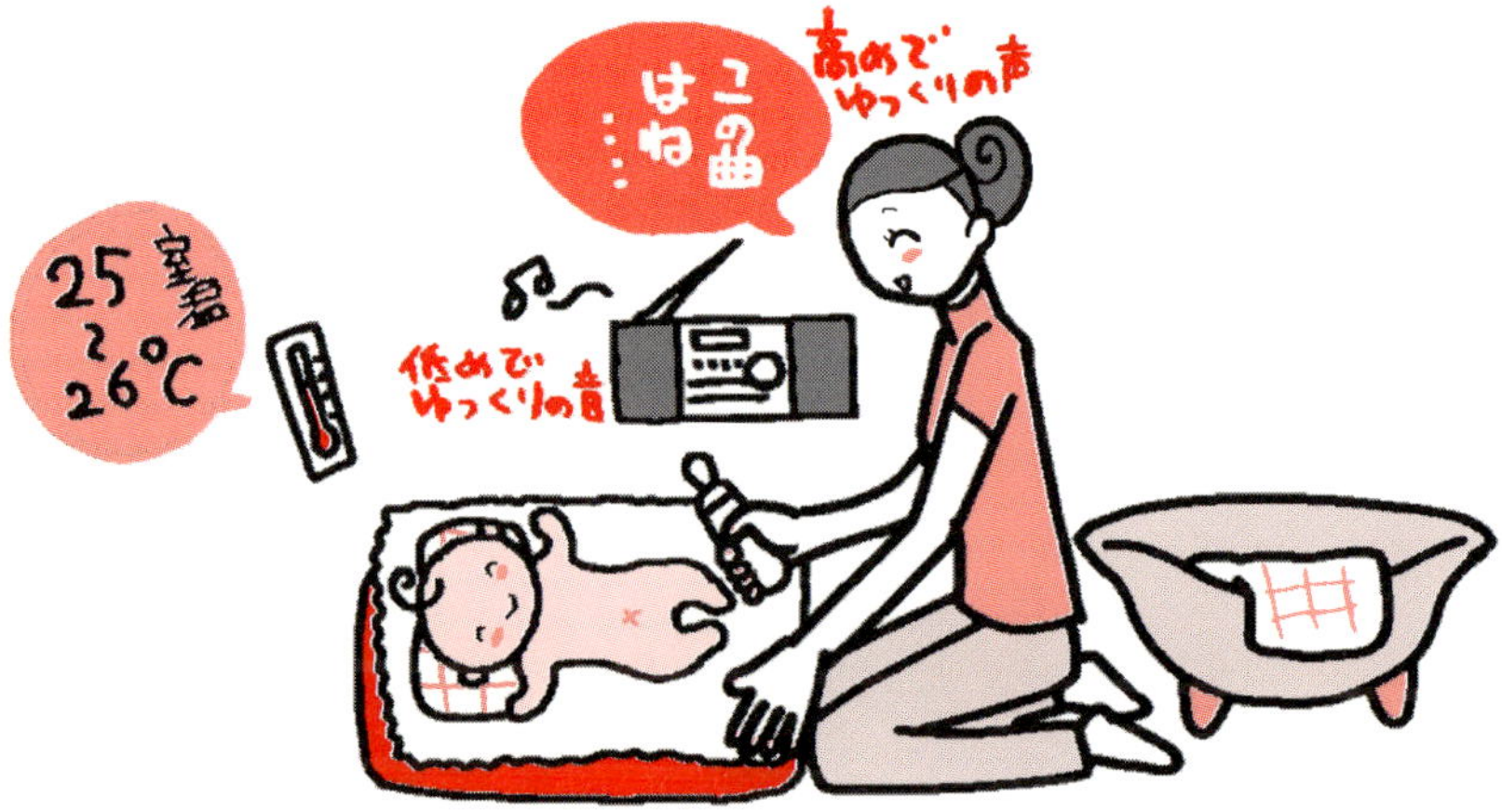

アヴェマリア』（ドリーミュージック）を紹介してもらったのです。実際にこれをかけてベビードレナージュを行なうと、見事に赤ちゃんが落ち着きました。

ベビードレナージュのときだけでなく、夜泣きのひどいときなどにもぜひお試しください。

オイルは使うの？

オイルは必要ありません。ベビードレナージュはほかのベビーマッサージと違い、皮膚をさすり上げるような手技はありませんから、皮膚を傷める心配がないのです。

また、赤ちゃんは本来、十分な皮脂を分泌する能力があります。それなのに、全身にオイルを塗るようなことをすると、次第に皮脂の分泌が抑えられてしまい、皮膚が

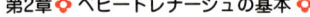

乾燥しやすくなります。スキンケアのために、必要な場所に最小限使うのであればよいとは思いますが、あえて高価なオイルを日常的に使用するのは、赤ちゃんの発育にとってはマイナスになる可能性もあります。

肌着の上からでもいいの？

ベビードレナージュの講習会を行なうと、必ず聞かれるのがこの質問です。今まで、ほかのベビーマッサージを行なうと、オイルの用意や直接皮膚に行なわなければいけないなど、面倒なことが多く、せっかく始めても長続きしないというのです。

ベビードレナージュは皮膚をさすり上げない独特の動きですから、オイル

も必要ありませんし、直接皮膚に行なわなければならない、ということもありません。もちろん、皮膚に直接行なったほうが効果的ですが、肌着の上から行なっても効果を期待することができる、というのがベビードレナージュの特徴の一つです。

ですから、赤ちゃんをあやす際にベビードレナージュを取り入れてもよいでしょうし、手遊びの一環として、歌いながら行なうことも可能です。私も娘に行なっていますが、抱っこしながら手や足のドレナージュを行ないます。最近では一緒に歌いながら行なったりもします。肌着の上から行なえるということは、特別な時間を作らずとも、手軽に行なえるということでもあるのです。

湯船の中でもいいの？

赤ちゃんの沐浴の時間は意外と短いものです。頭やからだを洗って、ベビードレナージュを行なうことは時間的に難しいと思いますし、お風呂そのものが慌しくなり、赤ちゃんのお風呂嫌いの原因になってしまうこともあります。ほかに、ベビードレナージュは神経の興奮をしずめます。お風呂から出ると赤ちゃんの血圧は下がりますので、その作用を少しばかり強めてしまう可能性もあります。

せっかくの楽しいバスタイムを慌しく過ごすことはありませんから、ベビードレナージュはお風呂から上がってからじっくり取り組んでみるとよいと思います。

ミルクを飲ませながら行なってもいいの？

ミルクを飲んでいるときは、血流が胃腸に集まってきます。そういったときにベビードレナージュを行なうとからだの血行を促すことになり、ミルクの消化が悪くなってしまいます。ほかにも、ミルクを飲んだばかりのときにお腹のドレナージュや足の運動を行なうと、ミルクをもどしてしまうこともあります。

ミルクを飲ませた後は一時間ほど経ってから行なうと、腸の働きを促してくれますから、消化吸収を助けてくれます。胃にもミルクはほとんど残っていませんから、もどしてしまう心配もありません。また、空腹時に行なうとお腹のすいた感じを強めてしまいます。ミルクを飲ませてから一時間以上あけて、空腹ではないときに行なうようにしてください。

ほかに気をつけることはあるの？

行なう際は、次のことに留意してください。

・ベビードレナージュの前後に白湯を二〇～五〇ccほど飲ませる
・食事後は一時間ほど行なわない
・途中でお子さんが嫌がったら無理に続けないで中断してもよい

・寝ているときに行なってもよいが、起きているときに行なったほうが効果的

・非常に弱い力で行なう。強いマッサージは、お子さんが刺激に対して慣れてしまうので、最小限の刺激で最大限の効果を狙うようにする

このベビードレナージュはオイルを使いません。また、基本は素肌に行ないますが、さするような動作がありませんから、赤ちゃんの皮膚を傷めることはありませんので安心してください。また、皮膚をさする手技が主体ではありませんから、肌着の上から行なっても効果を期待することができます。

お風呂上がりだけでなく、病院での診察待ちや電車での移動中など、スキンシップをかねて行なうこともできます。無理に時間を作らなくてもいいですから、自分のできるときに行なうようにしてもよいと思います。

それではさっそく、ベビードレナージュを行なってみましょう！

ドレナージュの手順①

頭のベビードレナージュ

1

ひたいの上部に両手の4本の指をそろえて、皮膚を後頭部に向かって動かしながらゆっくりと外側に圧を逃すように円を描きます。これを5回。

同様に★の位置が示す側頭部、後頭部、後頭部の外側も行ないます。これを2セット。

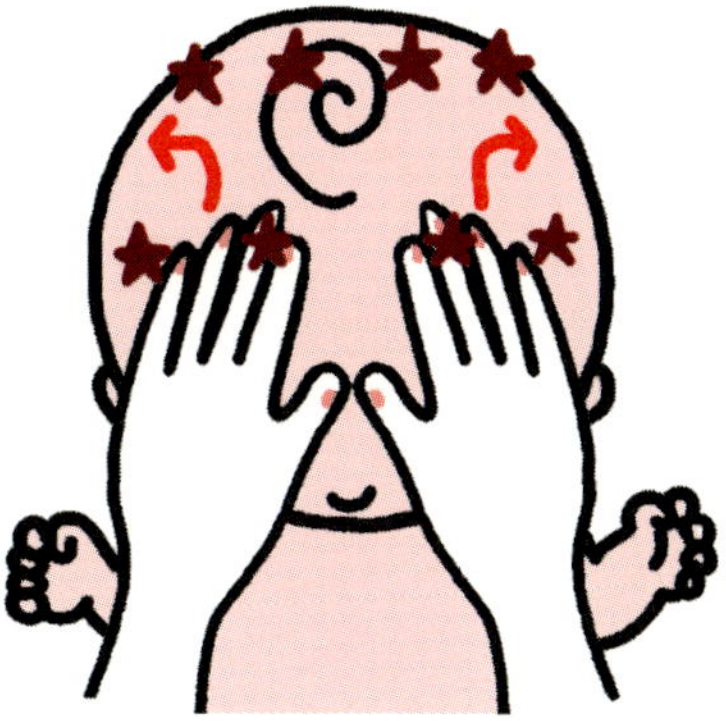

2

両方の耳全体を親指と人差し指で軽くつまみ、耳を後頭部に向かって動かし、そのまま上に向かって力を抜く感じに円を描きます。これを5回。
一呼吸おいて再度繰り返します。

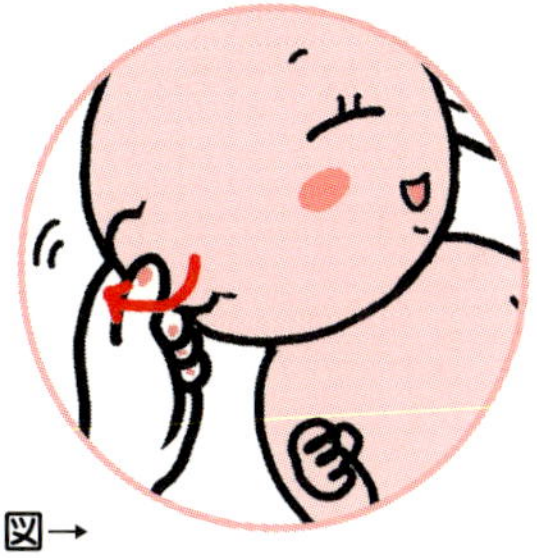

横から見た図→

※「圧を逃す」とは、行なう方向に向かってリンパを押し流すようにすることです。

3

眉に両手の4本の指をそろえて、皮膚を頭頂部に向かって動かしながらゆっくりと耳のほうに圧を逃すよう円を描きます。これを5回。

一呼吸おいて再度繰り返します。

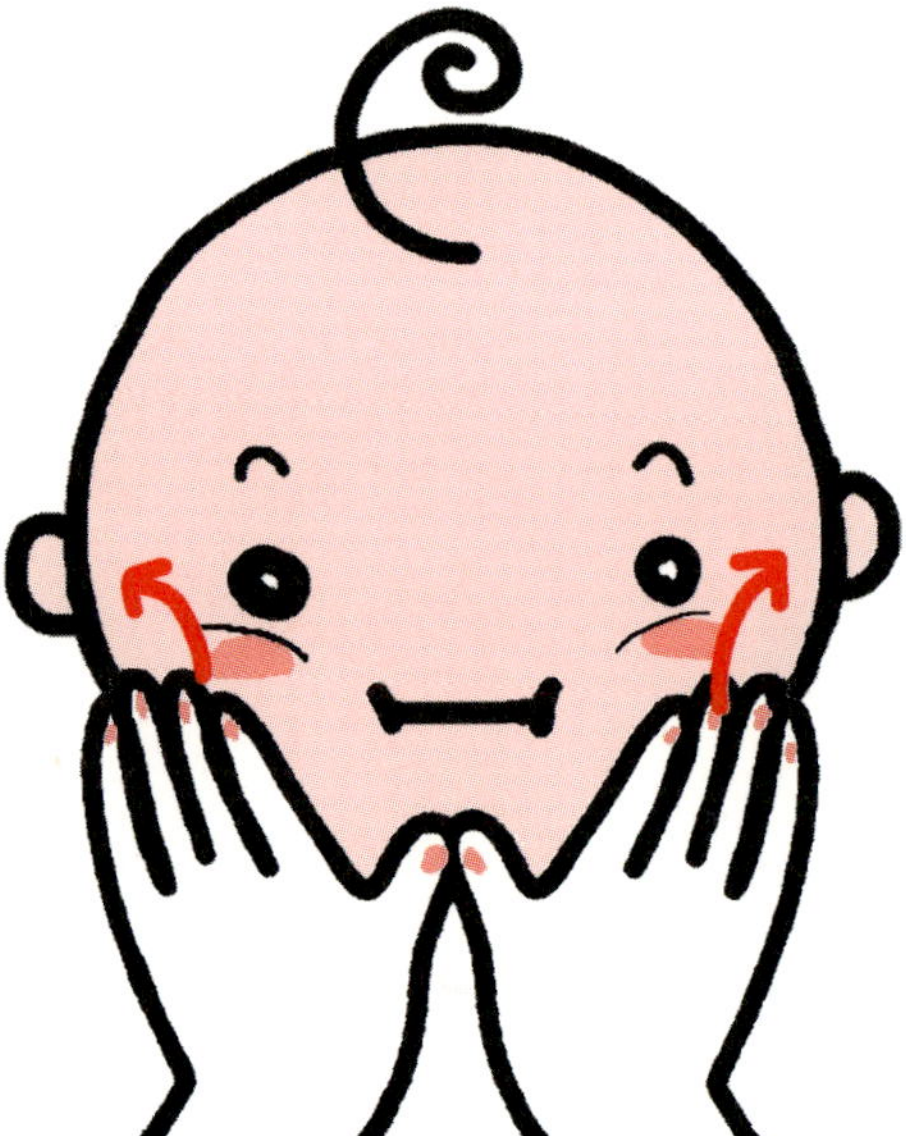

4

ほおに両手の4本の指をそろえて、皮膚を額に向かって動かしながらゆっくりと耳のほうに圧を逃すよう円を描きます。これを5回。

一呼吸おいて再度繰り返します。

5

左右の口元に4本の指をそろえて、皮膚を額に向かって動かしながらゆっくりと耳のほうに圧を逃すよう円を描きます。これを5回。

一呼吸おいて再度繰り返します。

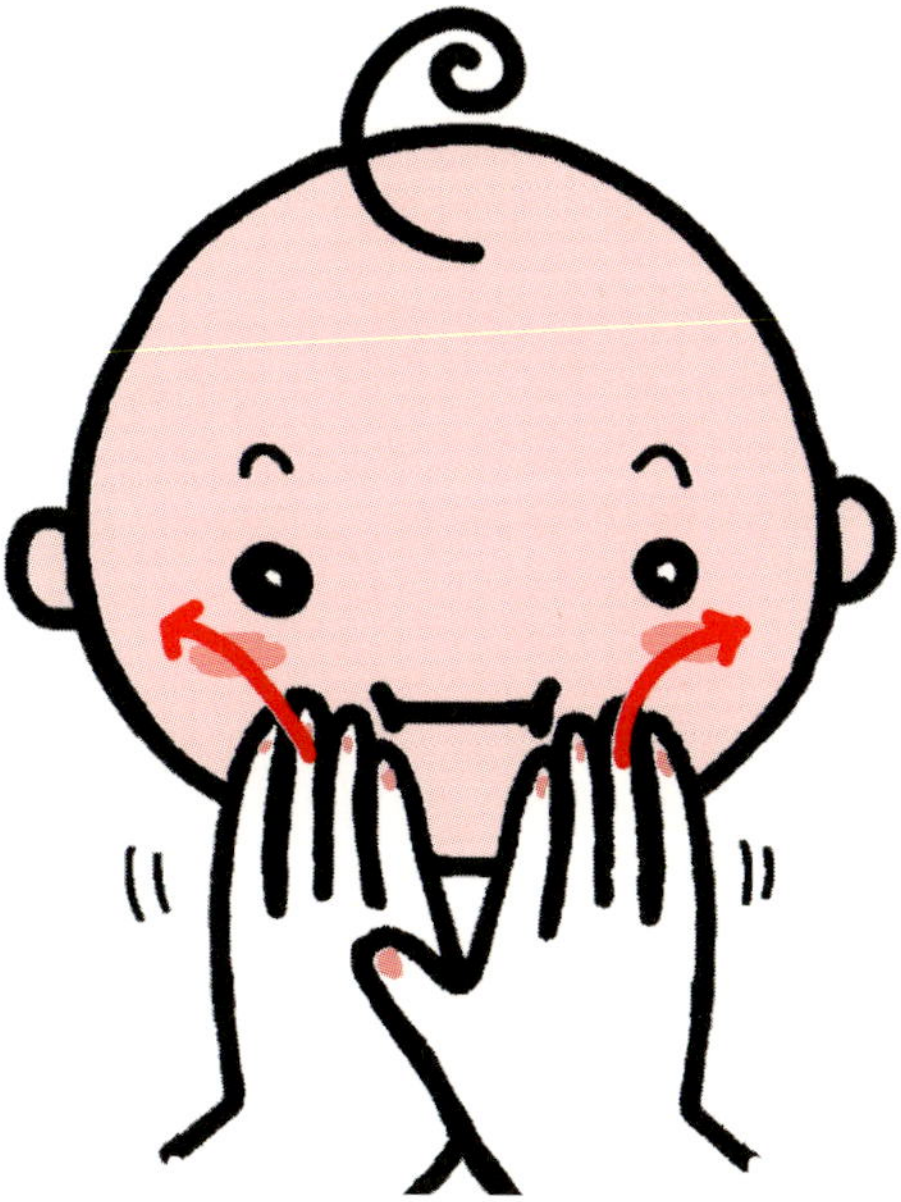

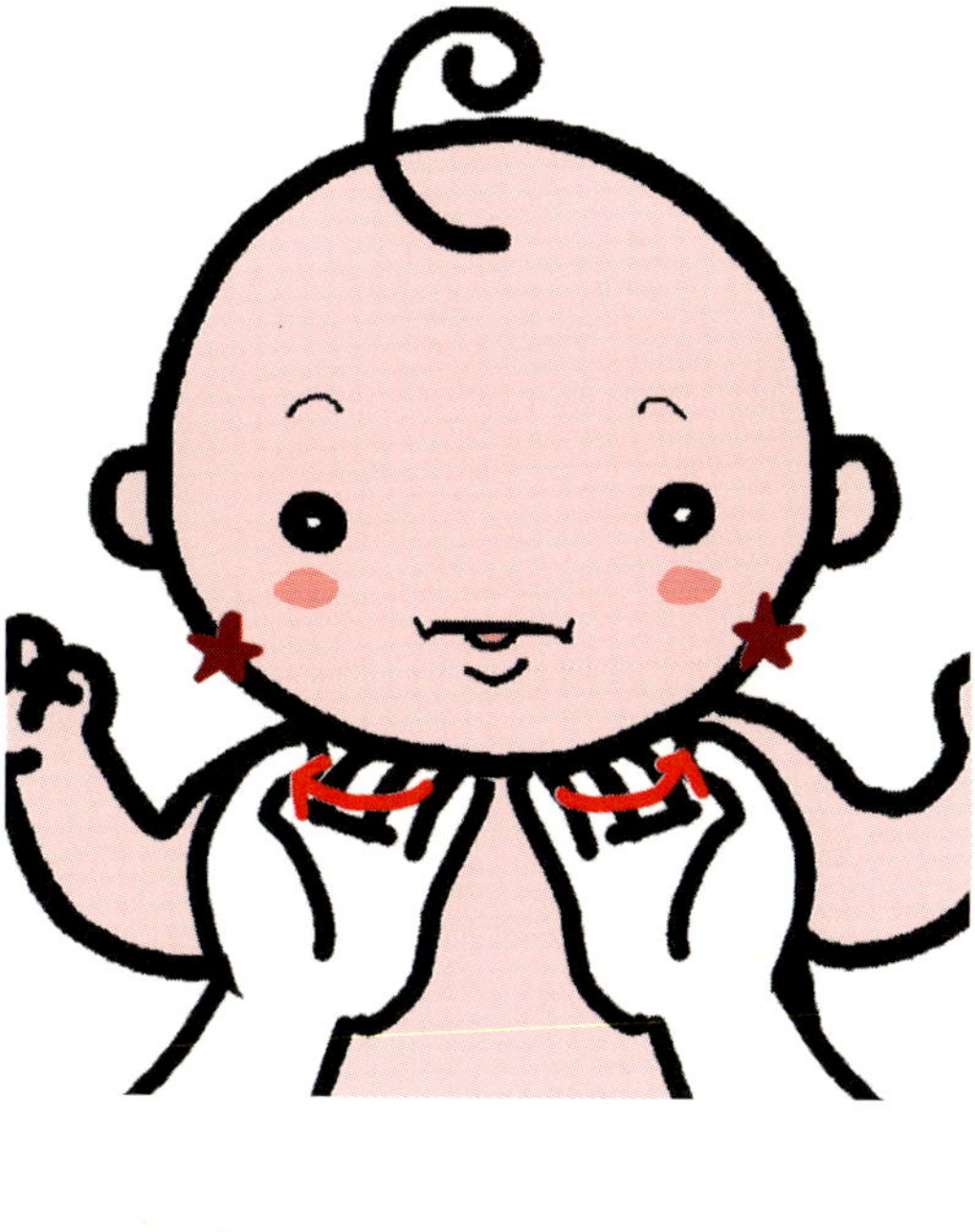

6

あごの裏に両手の4本の指をそろえて、皮膚を下に向かって動かしながらゆっくりと耳のほうに圧を逃すよう円を描きます。これを5回。

えらの下も同様に行ないます。これを2セット。

7)))

首の後ろに両手の4本の指をそろえて、皮膚を首の付け根に向かって動かしながら、ゆっくりと外側に圧を逃すように円を描きます。これを5回。

一呼吸おいて再度繰り返します。

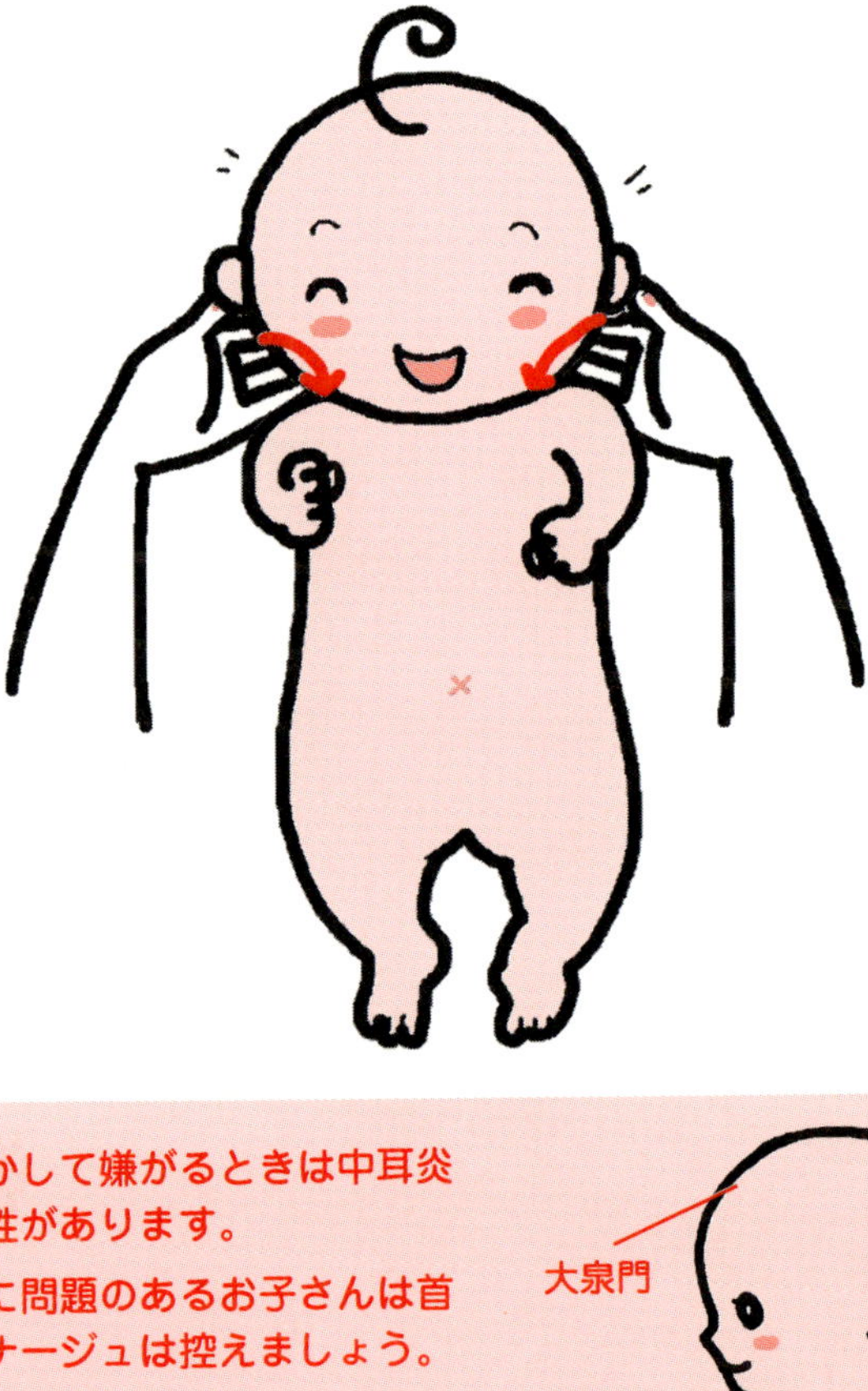

＊耳を動かして嫌がるときは中耳炎の可能性があります。
＊甲状腺に問題のあるお子さんは首のドレナージュは控えましょう。
＊泉門《せんもん》の部分は強く押さえないように気をつけましょう。

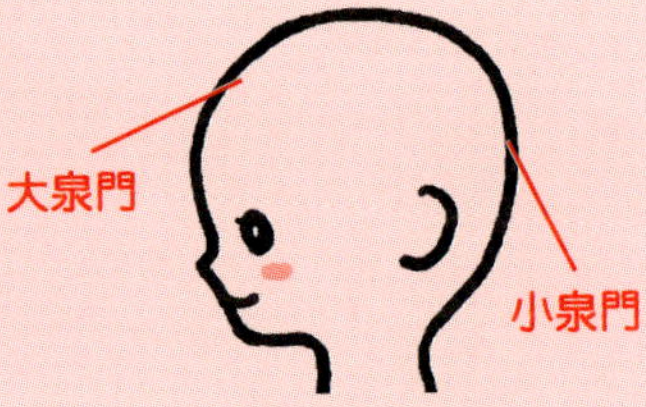

泉門の位置

ドレナージュの手順②

肩の運動

1

赤ちゃんの両ひじを曲げ、腕をからだから離さないようにして肩を後ろまわしにゆっくりと5回まわします。

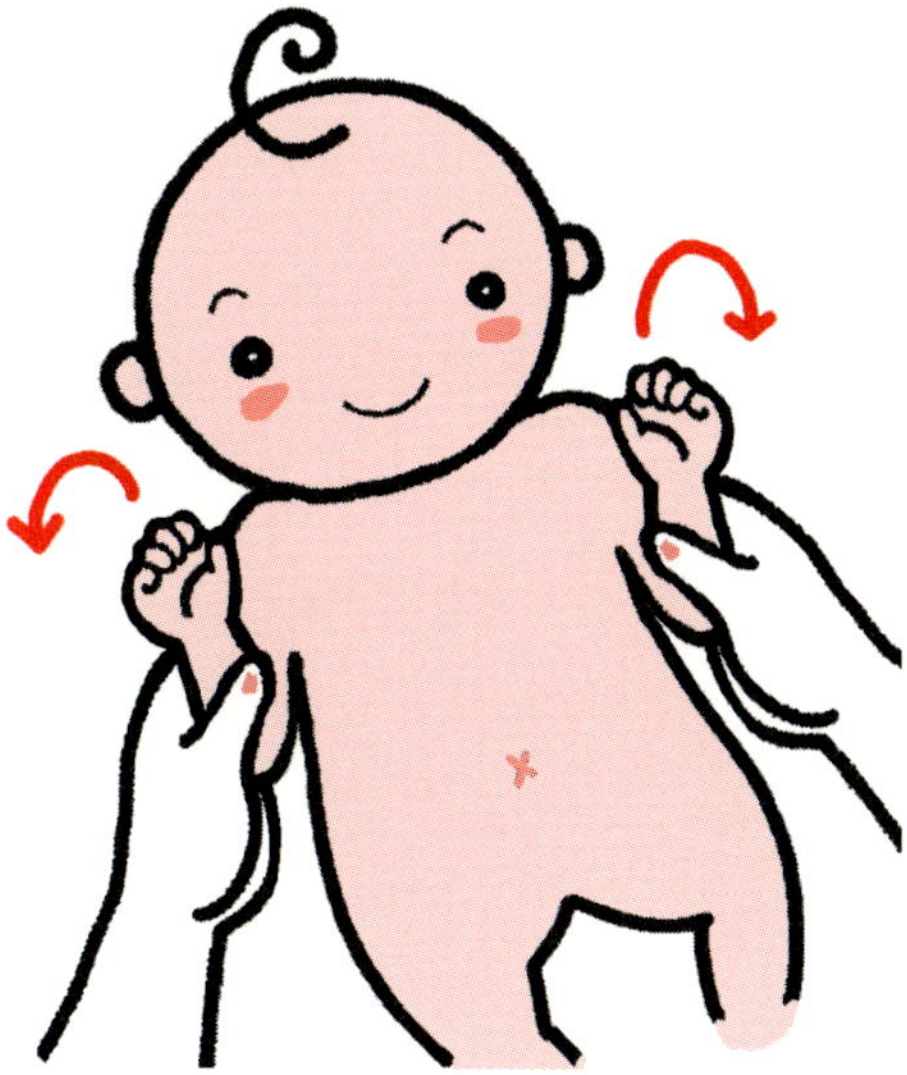

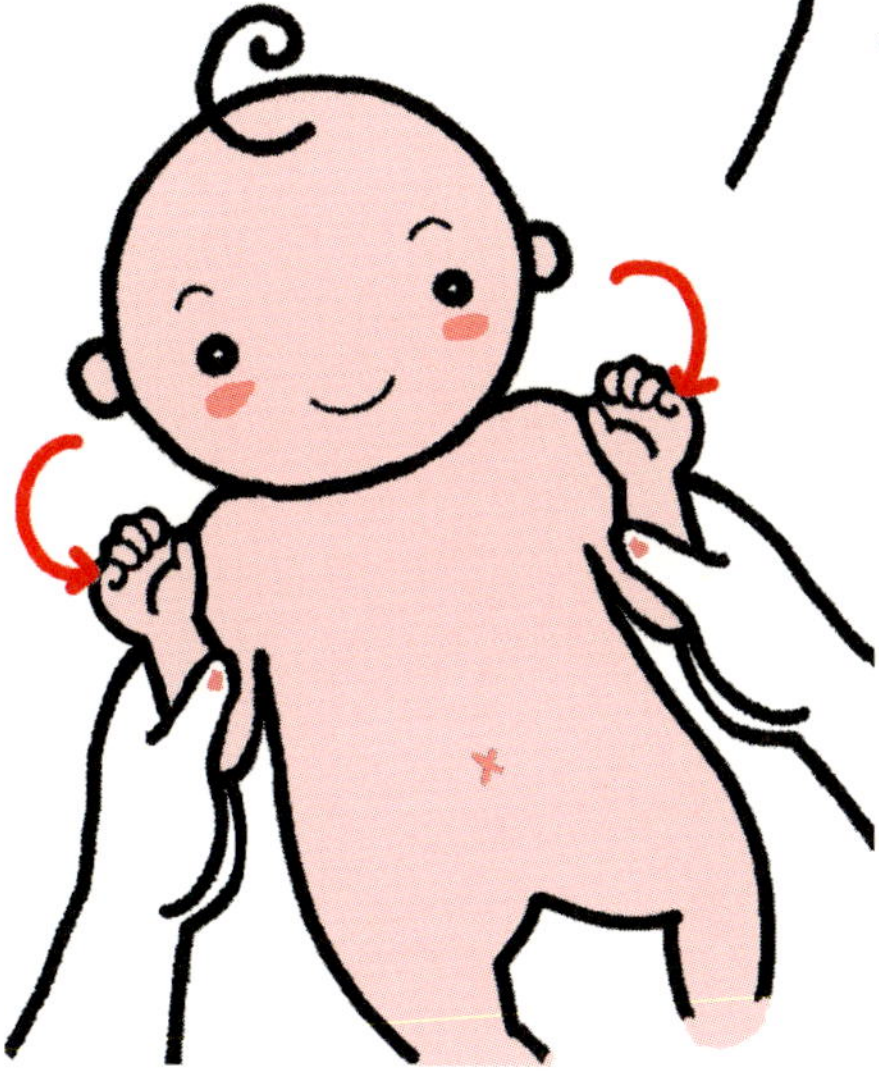

2

赤ちゃんの両ひじを曲げ、腕をからだから離さないようにして肩を前まわしにゆっくりと5回まわします。

3 〉〉〉

赤ちゃんの両ひじを曲げ、腕をからだから離したり近づけたりをゆっくりと5回行ないます。

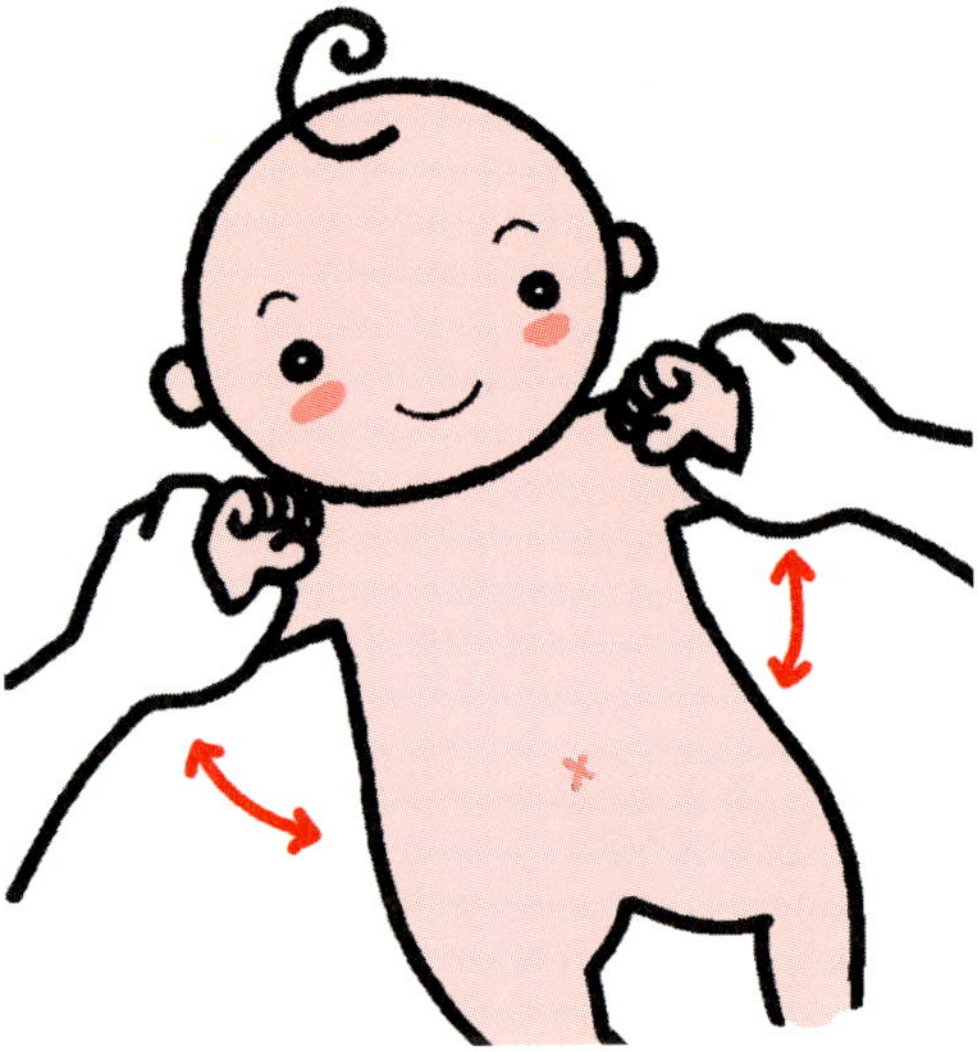

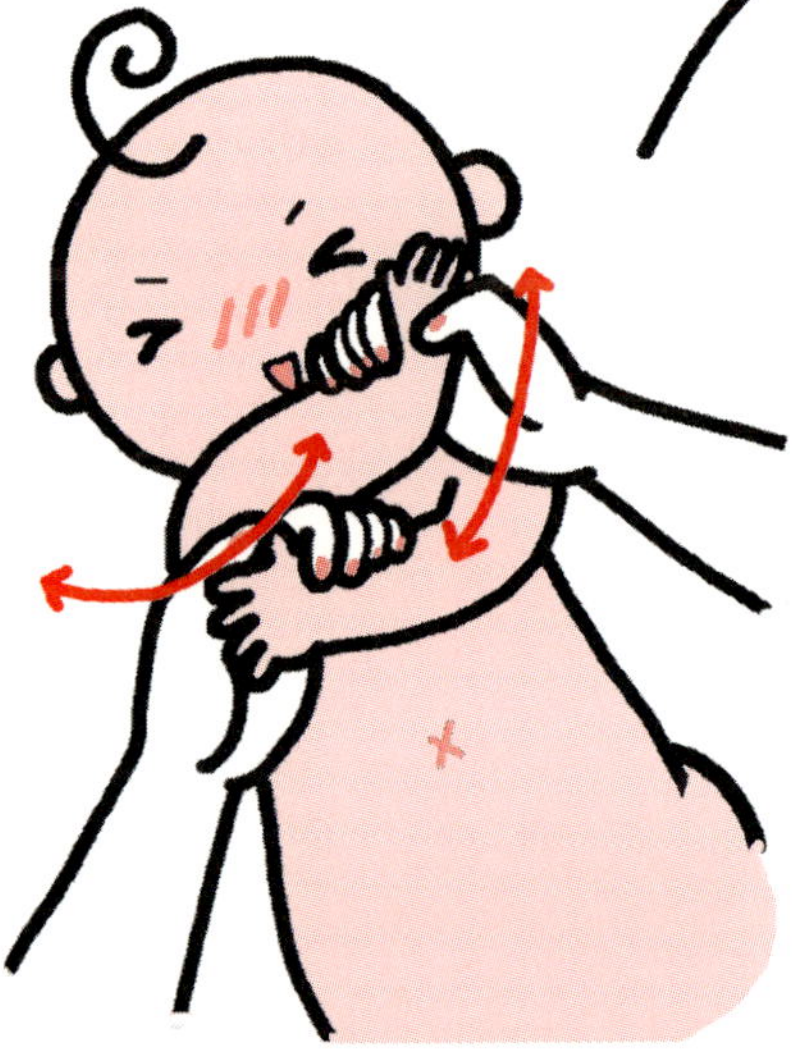

4 〉〉〉

赤ちゃんの両ひじを曲げ、腕をからだの前でゆっくりと交差させ、ゆっくりと戻します。これを5回行ないます。

5 〉〉〉

1〜4を再度繰り返します。

＊ひじを伸ばしたまま行なうとひじに余計な負担がかかります。

＊肩まわしを行なう際は腕がからだから離れないように気をつけます。

＊スカーフサインのあるお子さんは、4を行なう際にひじがからだの中心の線を越えないようにします。

※スカーフサイン……肩の関節が緩くて赤ちゃん自身の腕で首をスカーフのように巻くことができる状態をいいます。

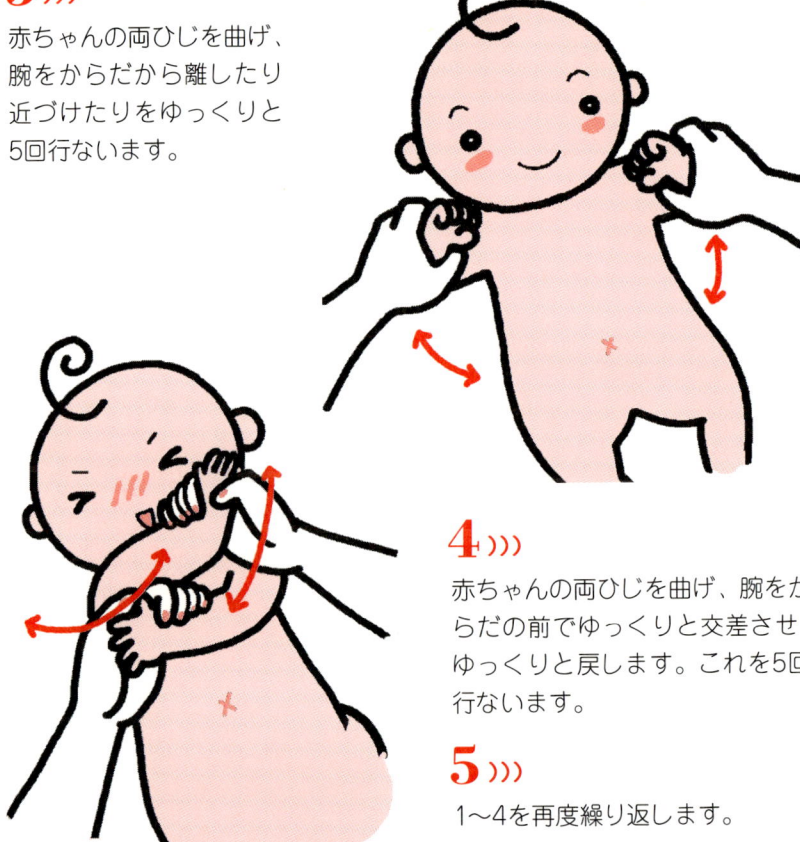

ドレナージュの手順③

腕のベビードレナージュ

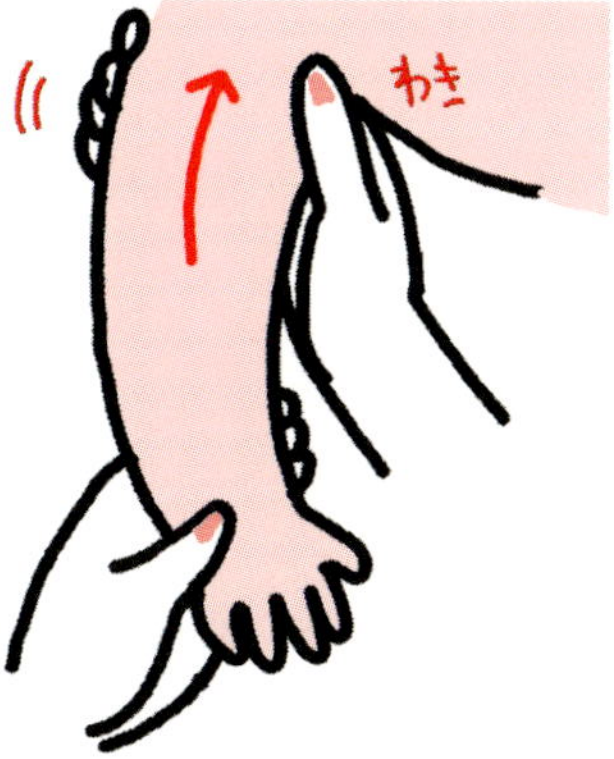

1

二の腕全体を手のひらで包み、皮膚を肩の方向にゆっくりと動かします。これを5回行ないます。

一呼吸おいて再度繰り返します。

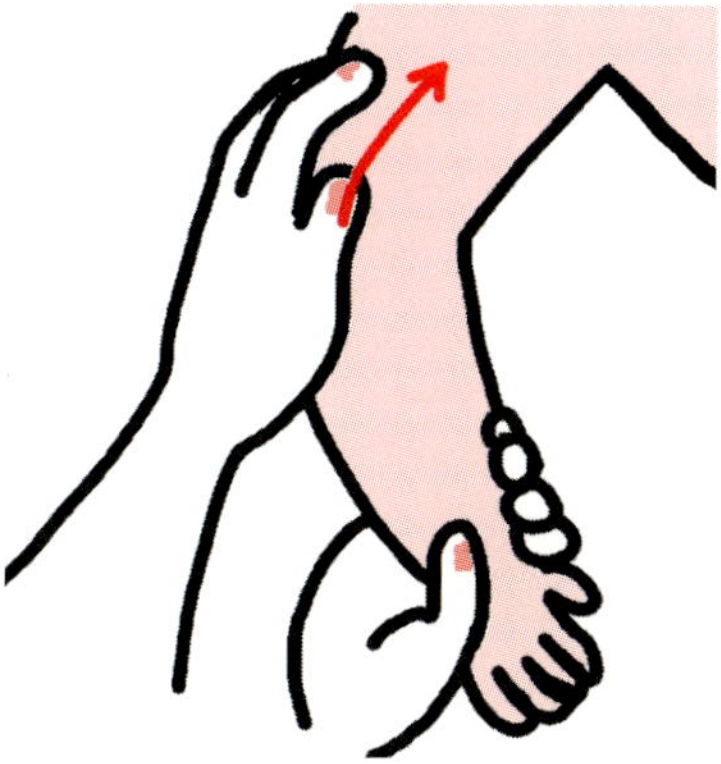

2

ひじを軽く曲げてひじ全体を手のひらで包み、皮膚を肩の方向にゆっくりと動かします。これを5回行ないます。

一呼吸おいて再度繰り返します。

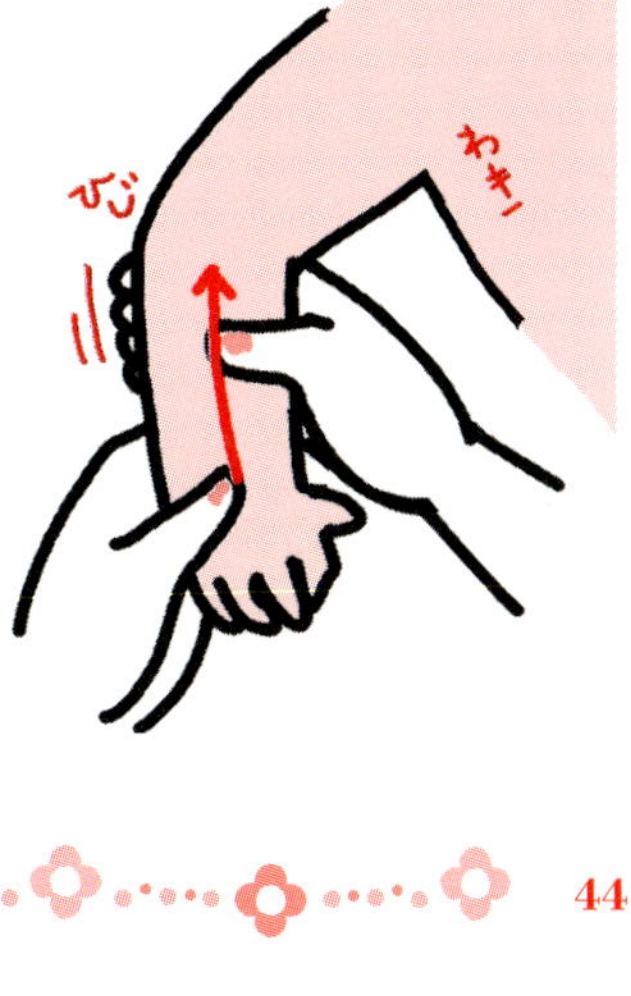

3

前腕全体を手のひらで包み、皮膚をひじの方向にゆっくりと動かします。これを5回行ないます。

一呼吸おいて再度繰り返します。

4

手のひらに両手の親指をあてがい、皮膚を手首に向かって動かし外側に向かって圧を逃すように円を描きます。これを5回行ないます。

一呼吸おいて再度繰り返します。

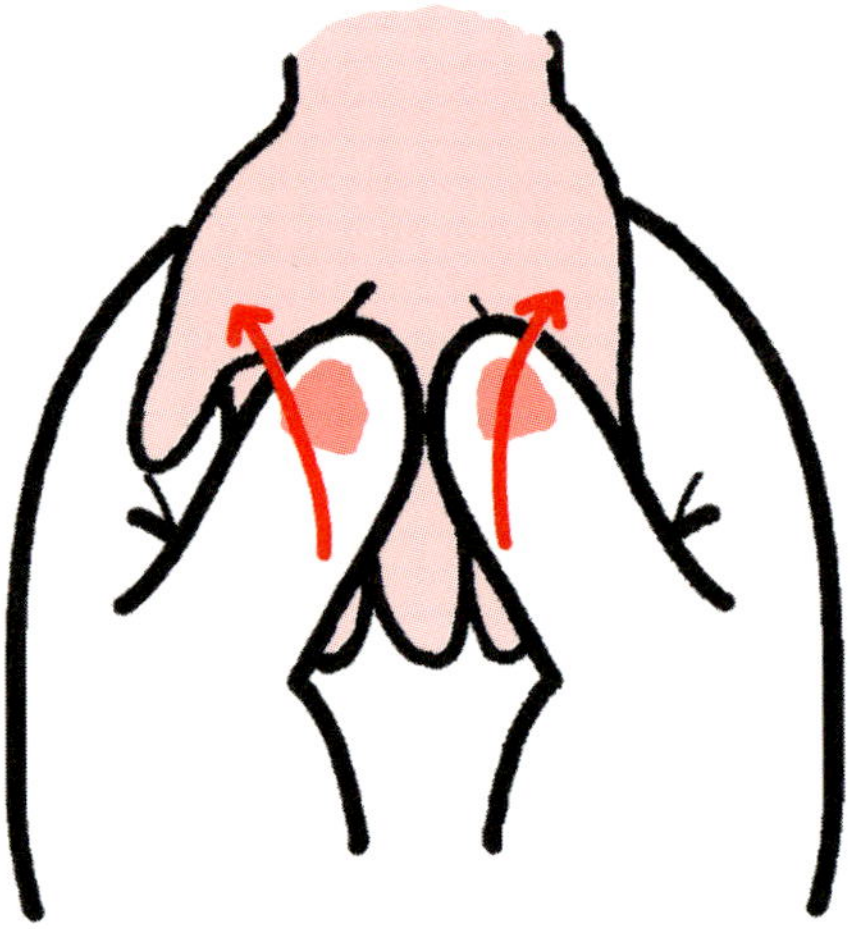

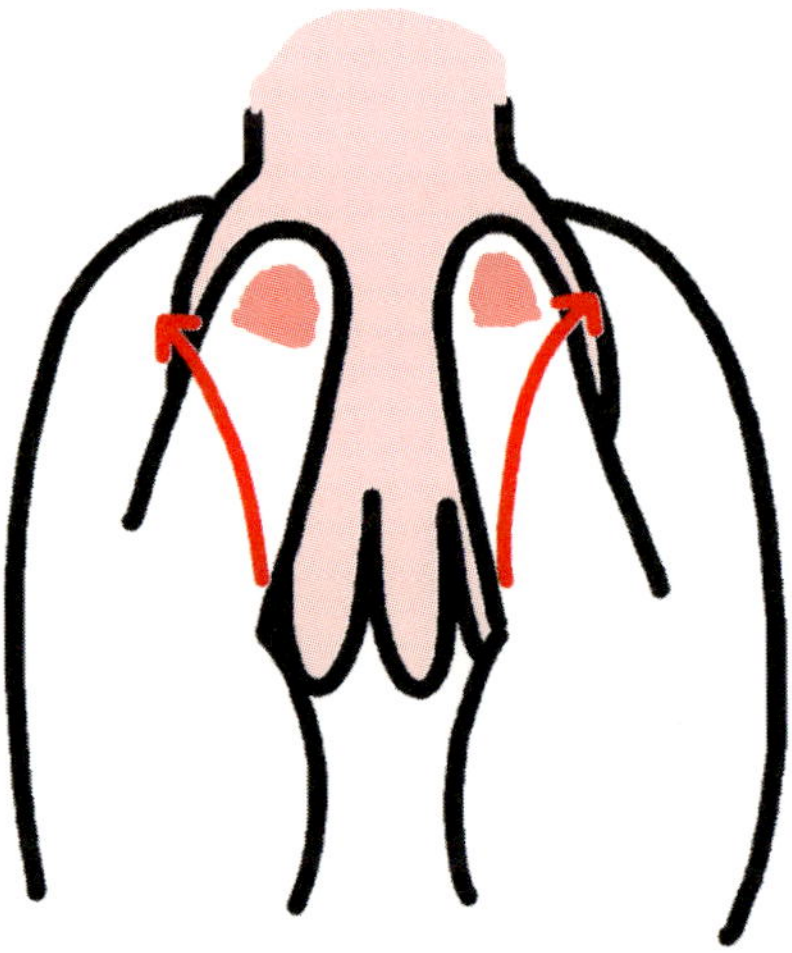

5

手の甲に両手の親指をあてがい、皮膚を手首に向かって動かし外側に向かって圧を逃すように円を描きます。これを5回行ないます。

一呼吸おいて再度繰り返します。

6

3、2、1の手順を再度行ないます。

＊1～3は、慣れてくると両腕を同時に行なうことができます。
＊手の甲は手のひらよりもさらに弱めに行ないます。

ドレナージュの手順④

胸＆お腹のベビードレナージュ

1

両手のひらで、胸の真ん中からわきに向かって軽く5回さすります。
一呼吸おいて再度繰り返します。

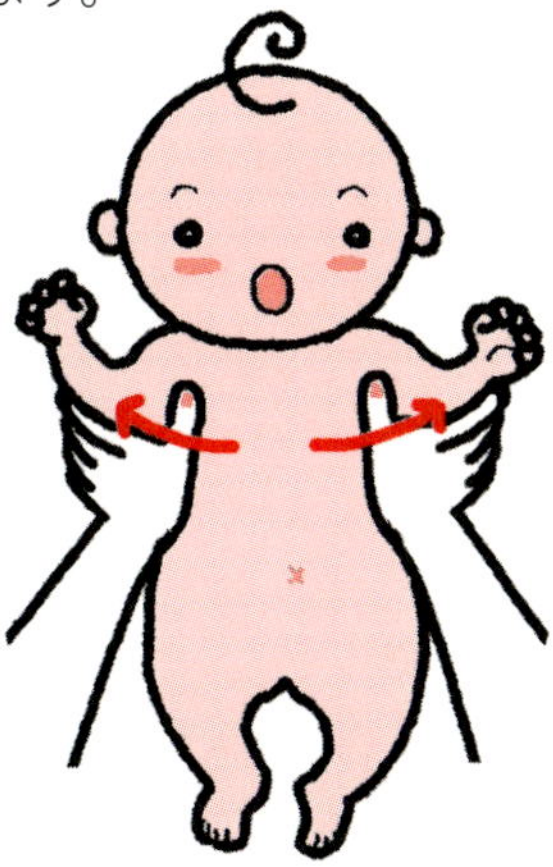

2

両手のひらで、お腹の真ん中からわきに向かって軽く5回さすります。
一呼吸おいて再度繰り返します。

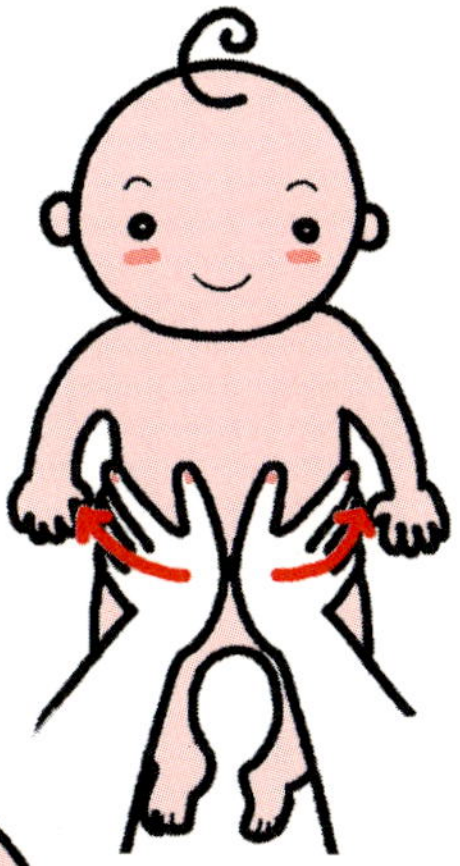

3

ウエスト部分にそれぞれ手のひらをあてがい、皮膚をおへそに向かってゆっくりと動かします。これを5回行ないます。

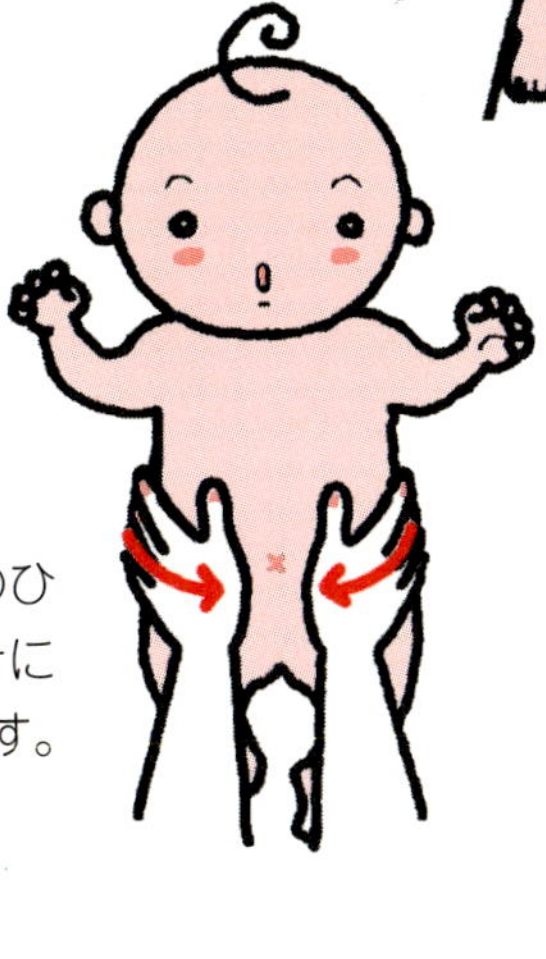

一呼吸おいて再度繰り返します。

4

ウエストラインの右の腹部に両手を当て、ゆっくりと圧を逃すようにお腹を5回押します。おへその上、左の腹部も同様に行ないます。これを2セット。

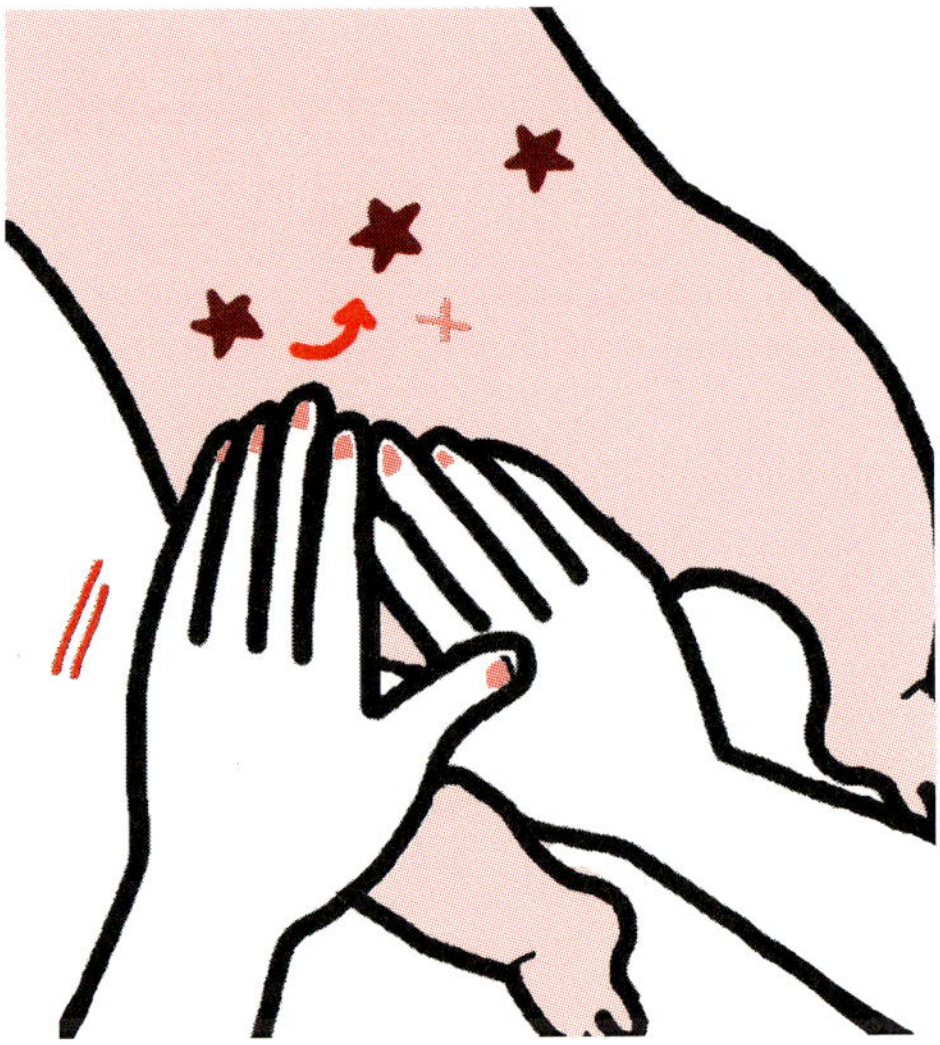

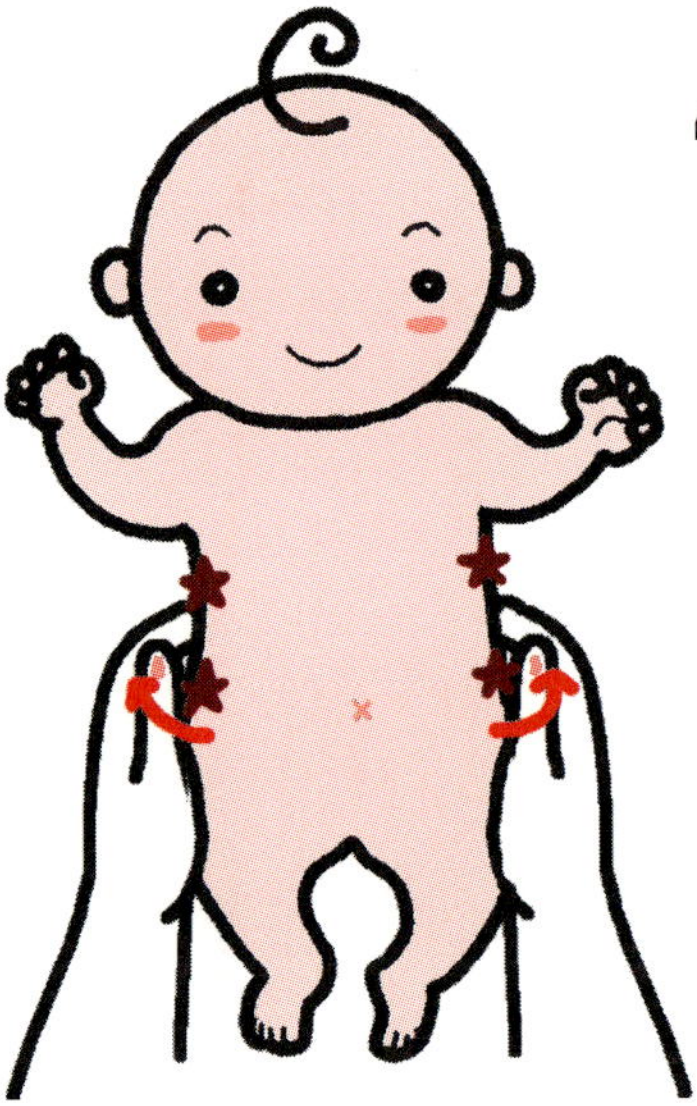

5

わき腹に手のひらを当て、皮膚を背中側に向かって動かし、わきに向かって圧を逃すように円を描きます。これを5回行ないます。

一呼吸おいて再度繰り返します。

6

1と2をもう1度行ないます。

＊便秘がちの赤ちゃんは4を少し多めに行なうとよいでしょう。
＊ぜんそくの赤ちゃんは1は行なわないでください。

ドレナージュの手順⑤

股関節の運動

1

赤ちゃんの足首を持ち、両足をお腹のほうに曲げたり伸ばしたりをゆっくり行ないます。

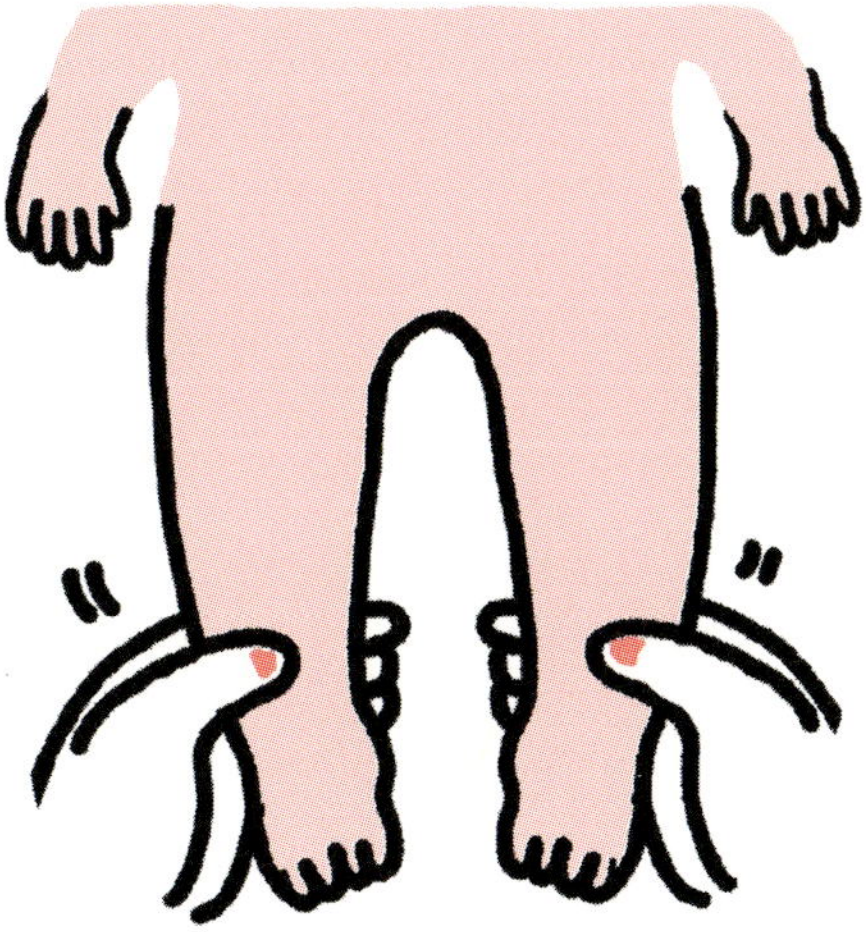

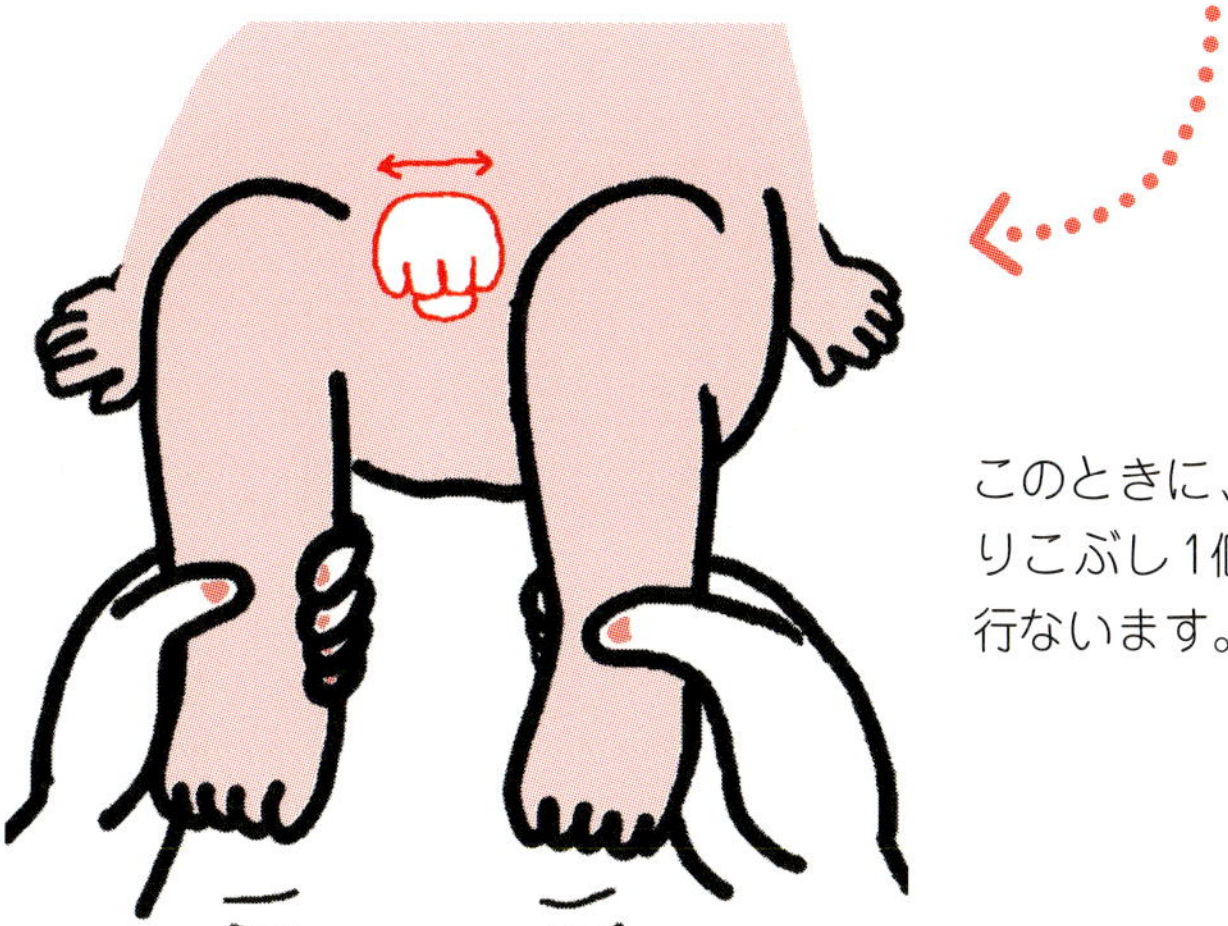

このときに、両ひざの間に握りこぶし1個分をあけて5回行ないます。

2

赤ちゃんの足首を持ち、片足ずつ左右交互にお腹のほうに曲げたり伸ばしたりをゆっくり行ないます。

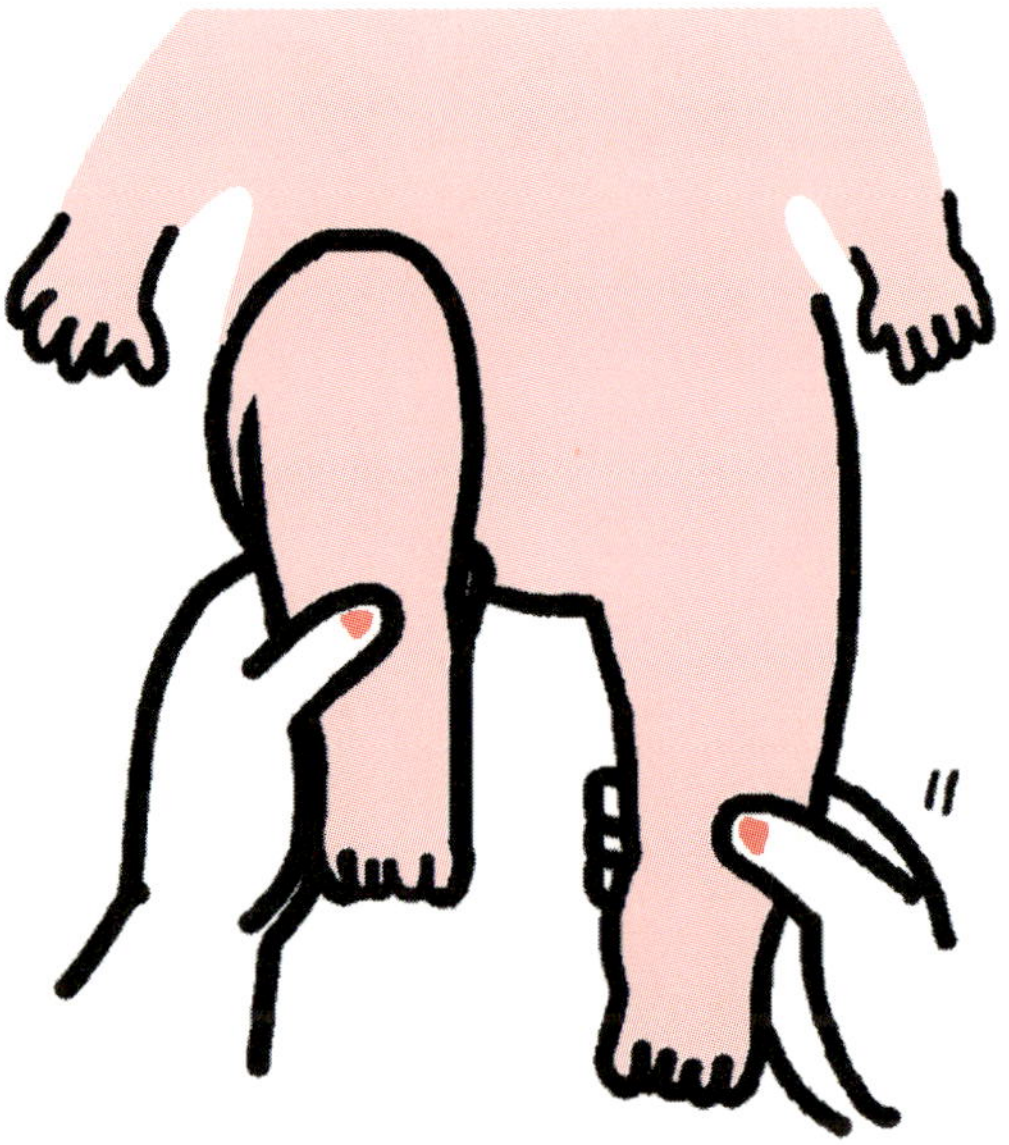

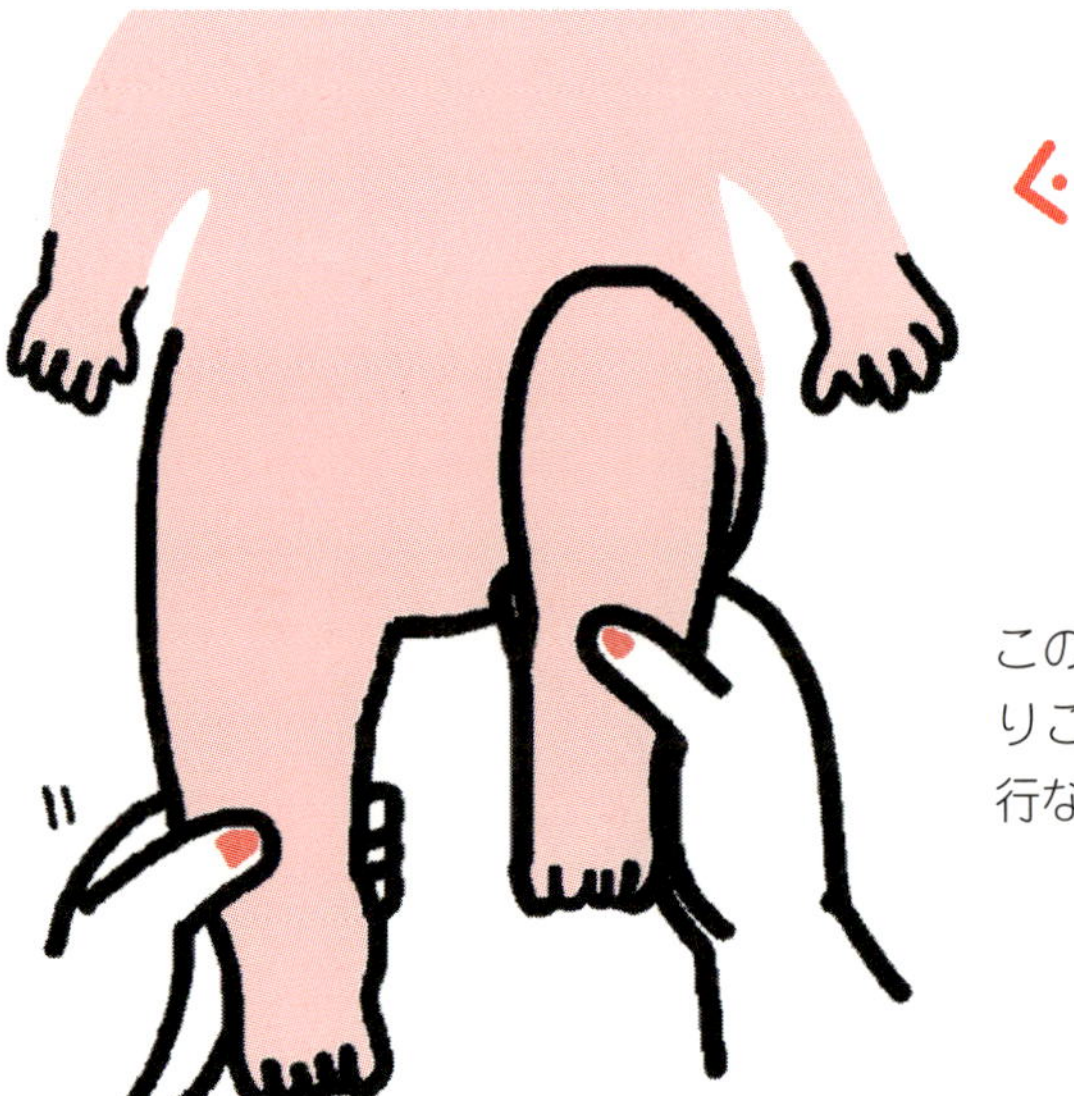

このときに、両ひざの間に握りこぶし1個分をあけて5回行ないます。

3)))

赤ちゃんの両足首を持ち、股関節を90度に曲げて、腰をひねる感じにひざをゆっくり左右に倒します。このときに、両ひざの間に握りこぶし1個分をあけて5回行ないます。

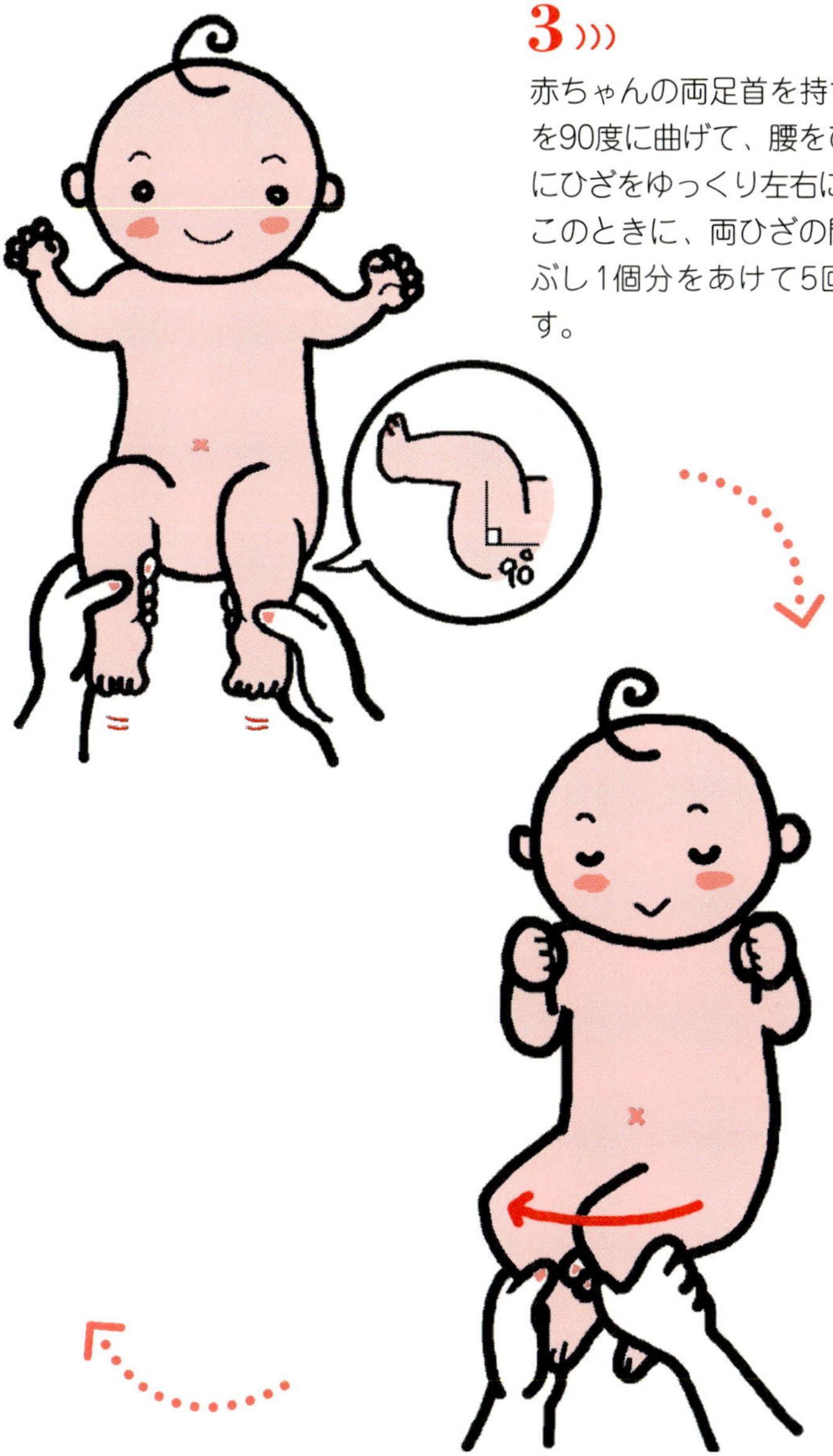

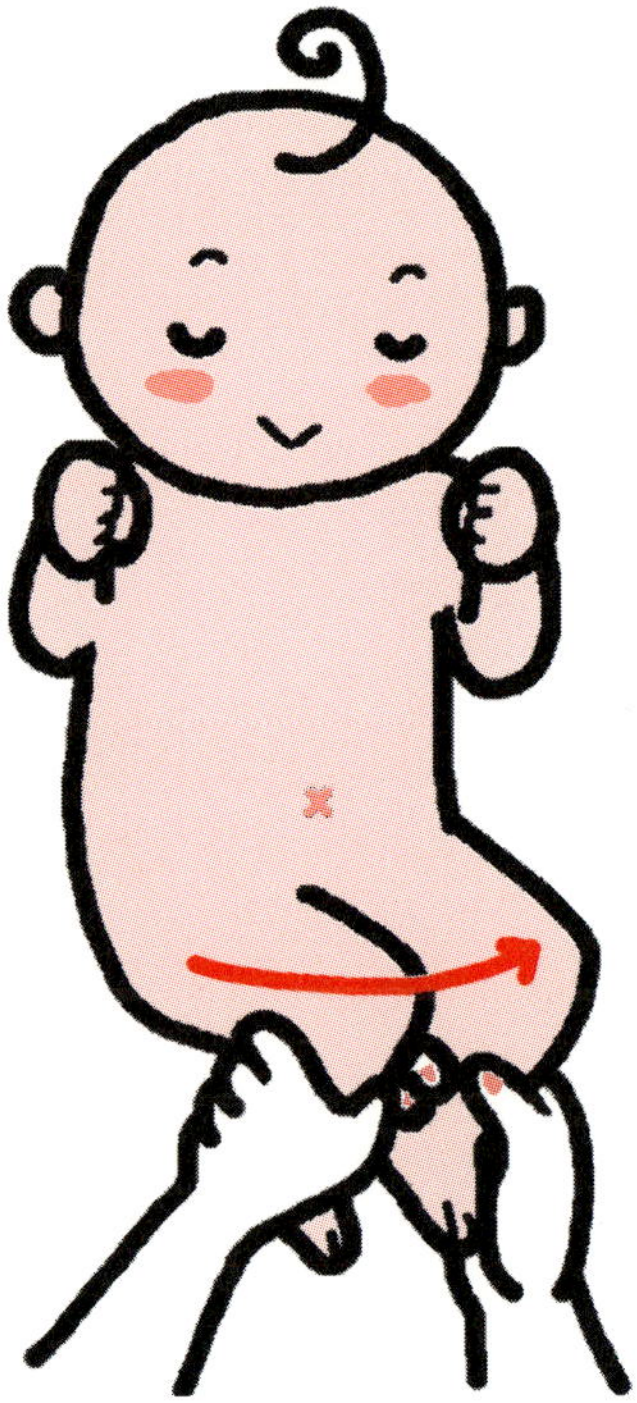

4)))

1〜3をもう一度繰り返します。

＊これは寝返り運動を促したり、ハイハイを促したりする効果もあります。

＊股関節の脱臼《だっきゅう》をしていた赤ちゃんは、お医者さんに相談してから行なってください。
（※太ももの内側にできるシワが左右違っていたり、ひざを立てたときにひざの高さが違う場合は行なわないでください）

ドレナージュの手順⑥

脚のベビードレナージュ

1

太もも全体を手のひらで包み、皮膚を脚の付け根の方向にゆっくりと動かします。これを5回行ないます。

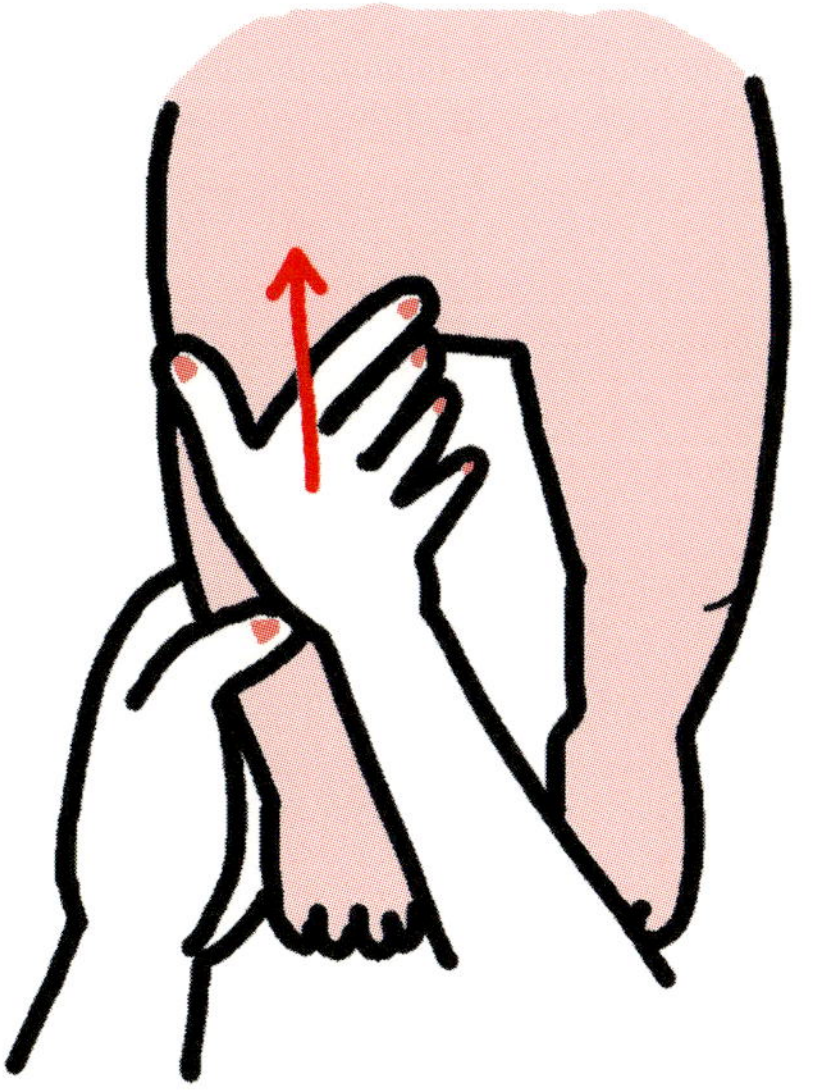

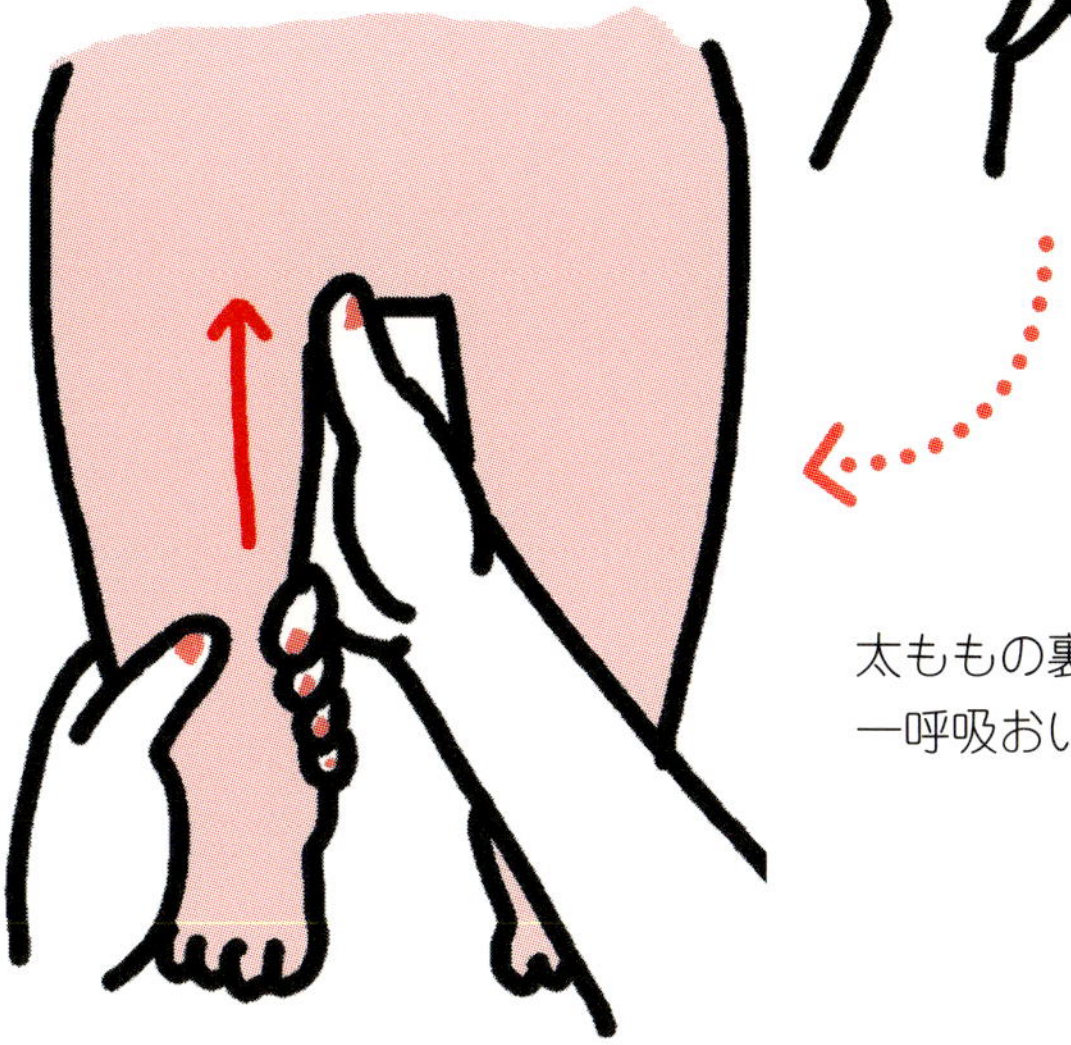

太ももの裏側も同様に行ないます。一呼吸おいて再度繰り返します。

2

ひざを軽く曲げてひざ全体を手のひらで包み、皮膚を脚の付け根の方向にゆっくりと動かします。これを5回行ないます。

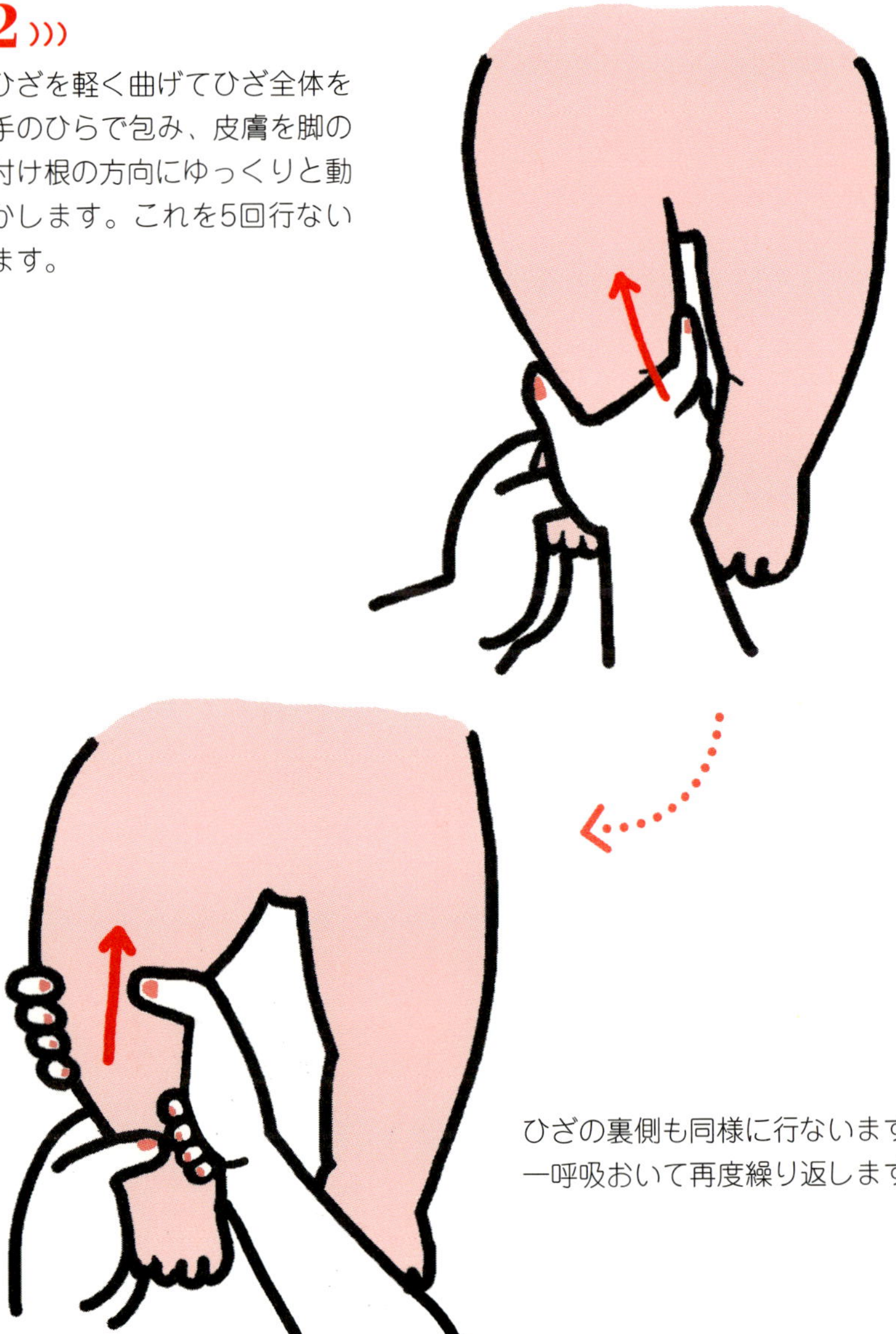

ひざの裏側も同様に行ないます。一呼吸おいて再度繰り返します。

3

ふくらはぎ全体を手のひらで包み、皮膚をひざの方向にゆっくりと動かします。これを5回行ないます。

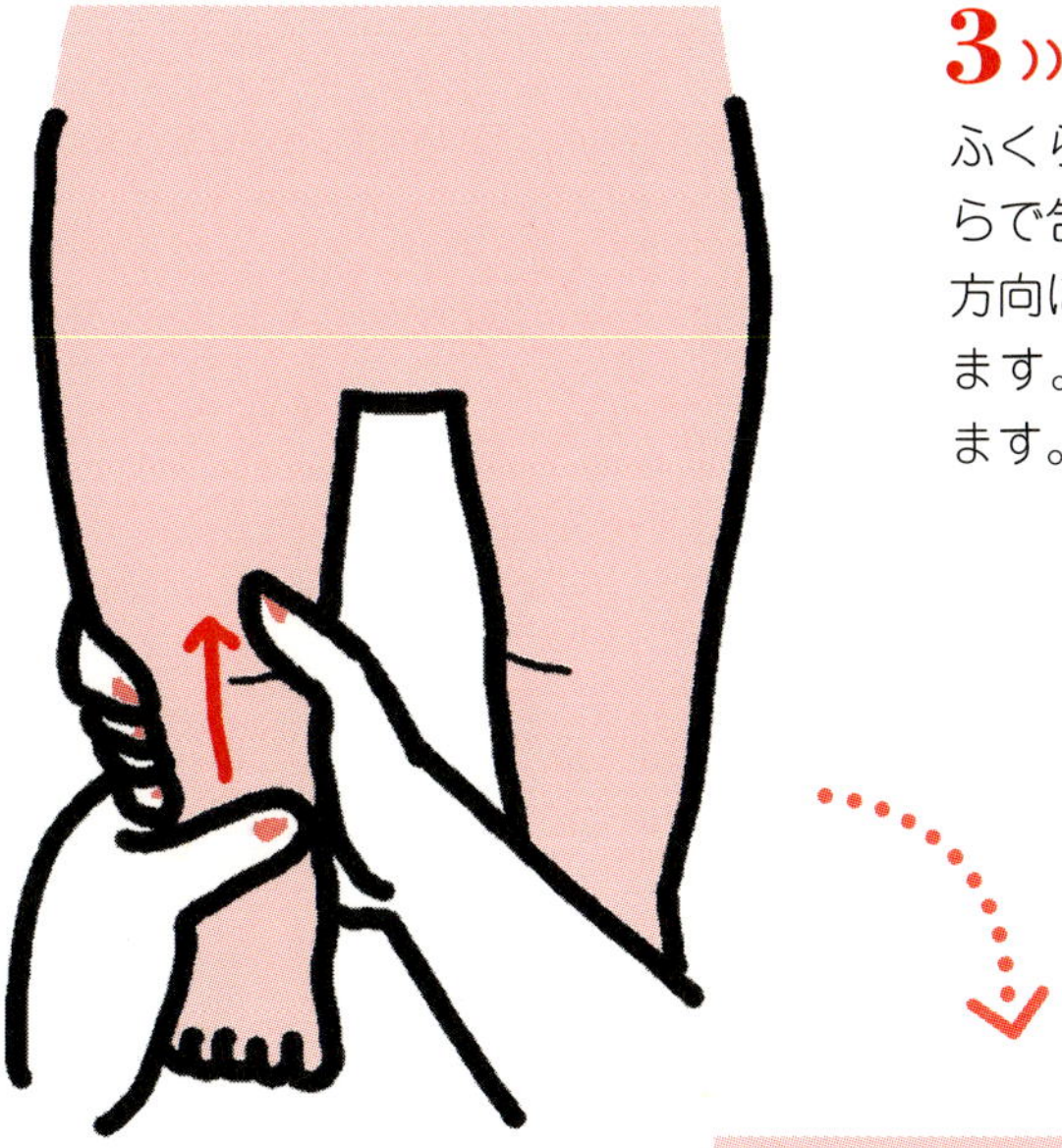

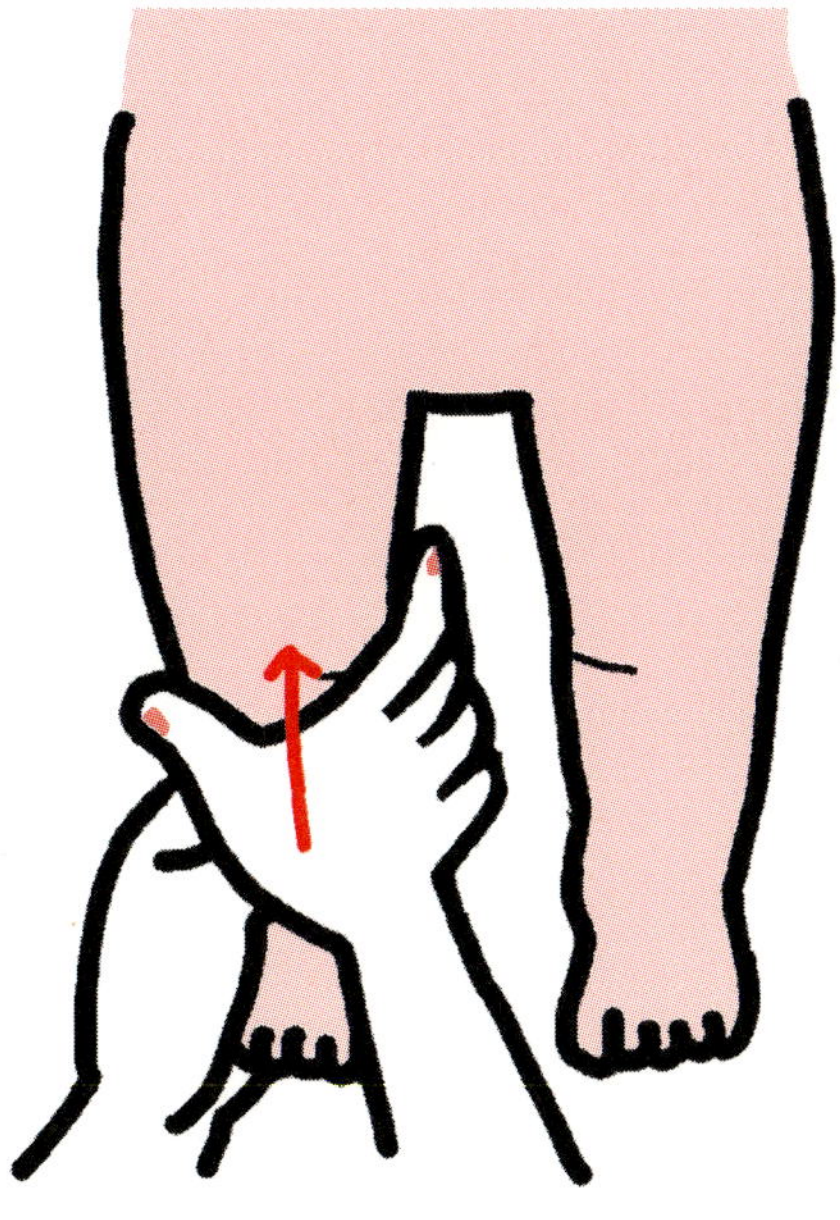

すねも同様に行ないます。一呼吸おいて再度繰り返します。

4)))

足の裏に親指をあてがい、皮膚を足首に向かって動かし、外側に向かって圧を逃すように円を描きます。これを5回行ないます。一呼吸おいて再度繰り返します。

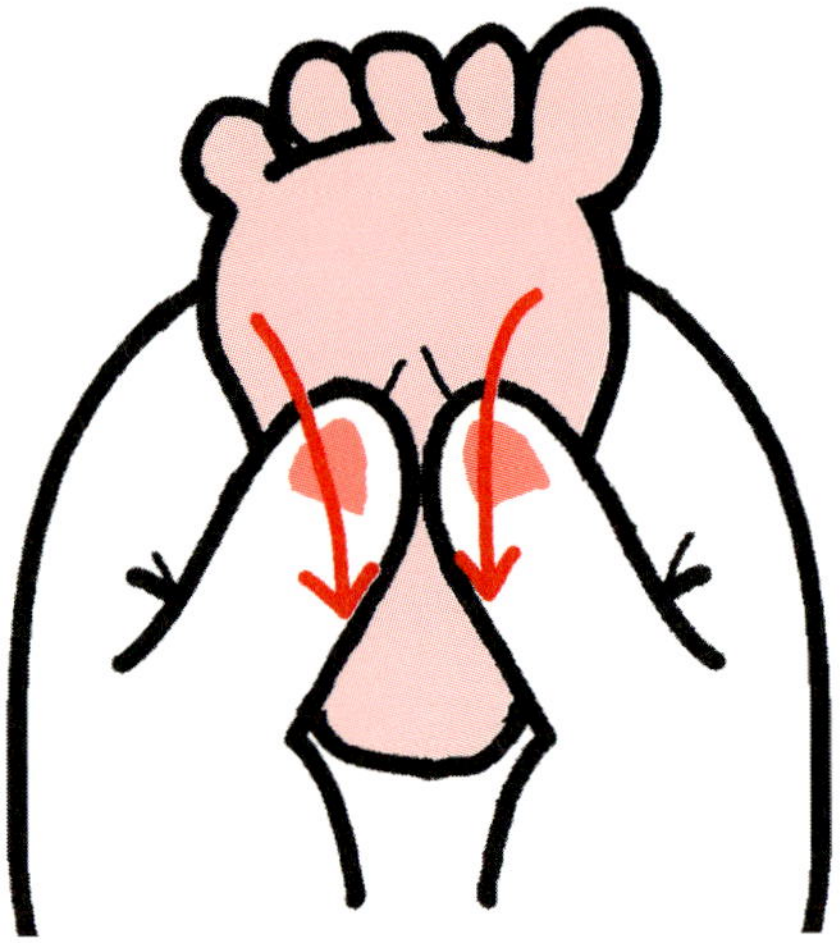

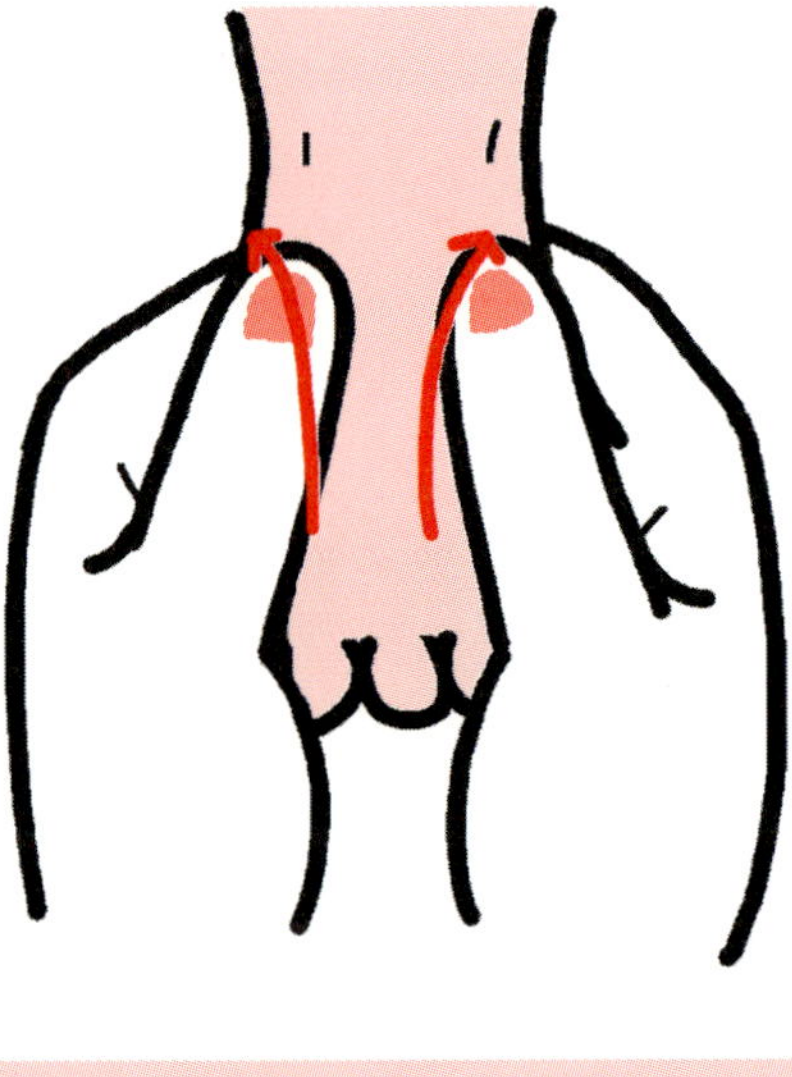

5)))

足の甲に両手の親指をあてがい、皮膚を足首に向かって動かし、外側に向かって圧を逃すように円を描きます。これを5回行ないます。

一呼吸おいて再度繰り返します。

6)))

1〜5を行なった後で、もう一度3、2、1の順番で行ないます。

＊1〜3は、慣れてくると両脚を同時に行なうことができます。
＊足の甲は足の裏よりもさらに弱めに行ないます。

ドレナージュの手順⑦

背中とお尻のベビードレナージュ

1)))

手のひらで背中からお尻に向かってゆっくりと5回さすります。

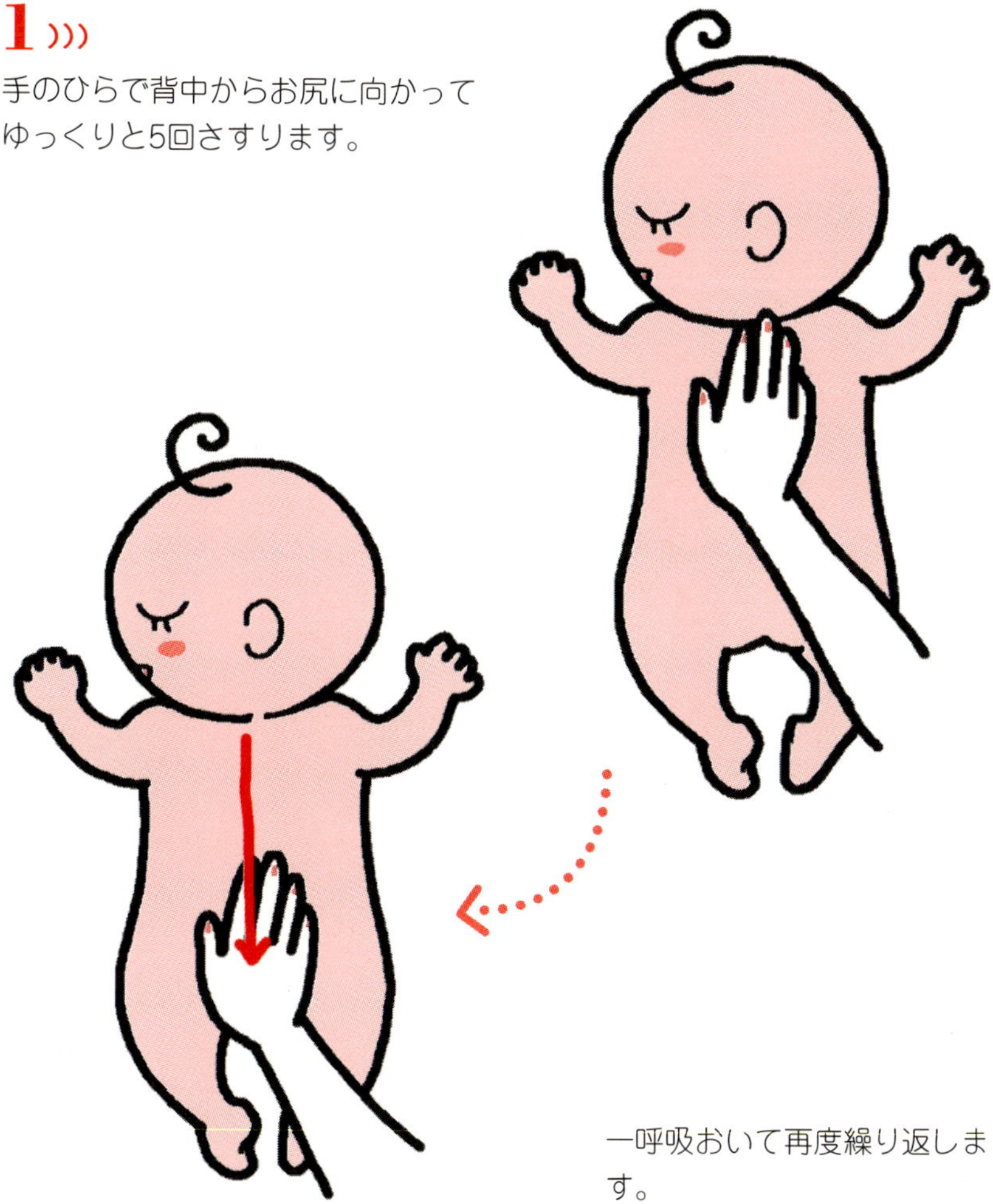

一呼吸おいて再度繰り返します。

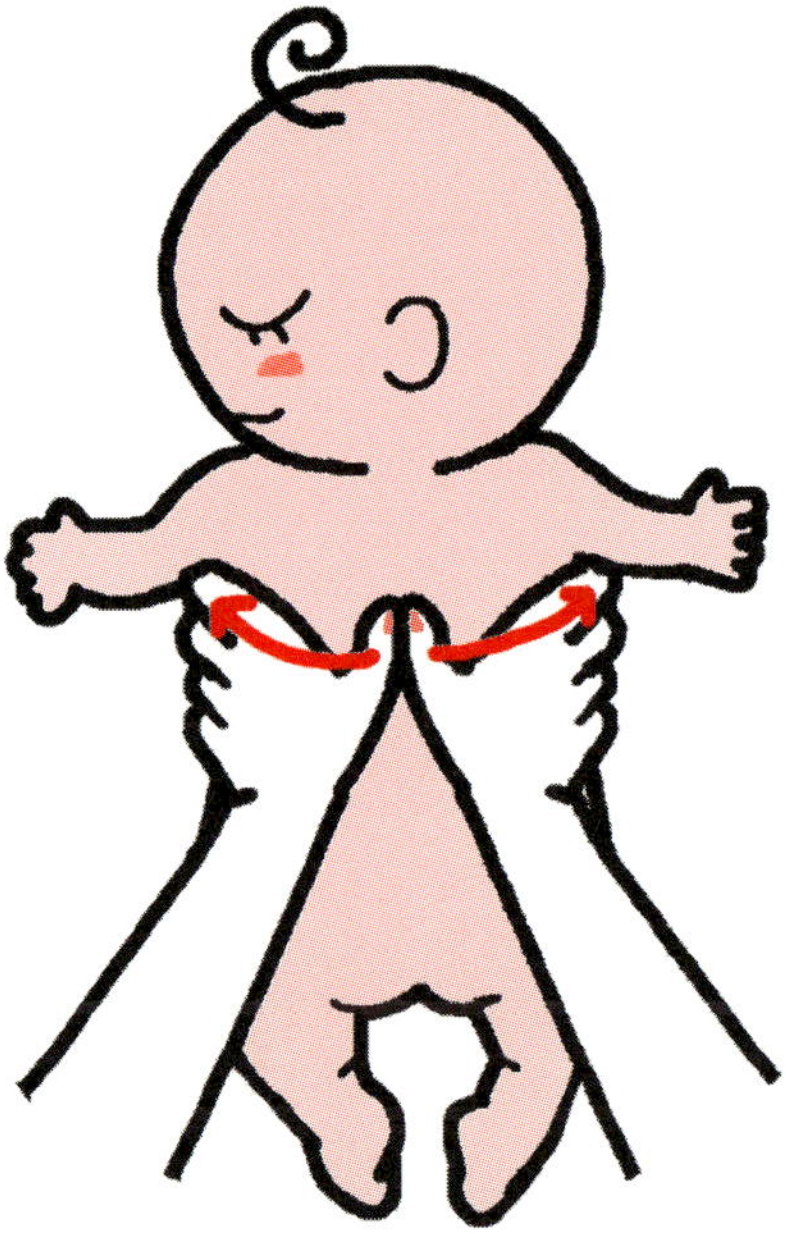

2

両手のひらで、背中の真ん中からわきに向かって軽く5回さすります。
一呼吸おいて再度繰り返します。

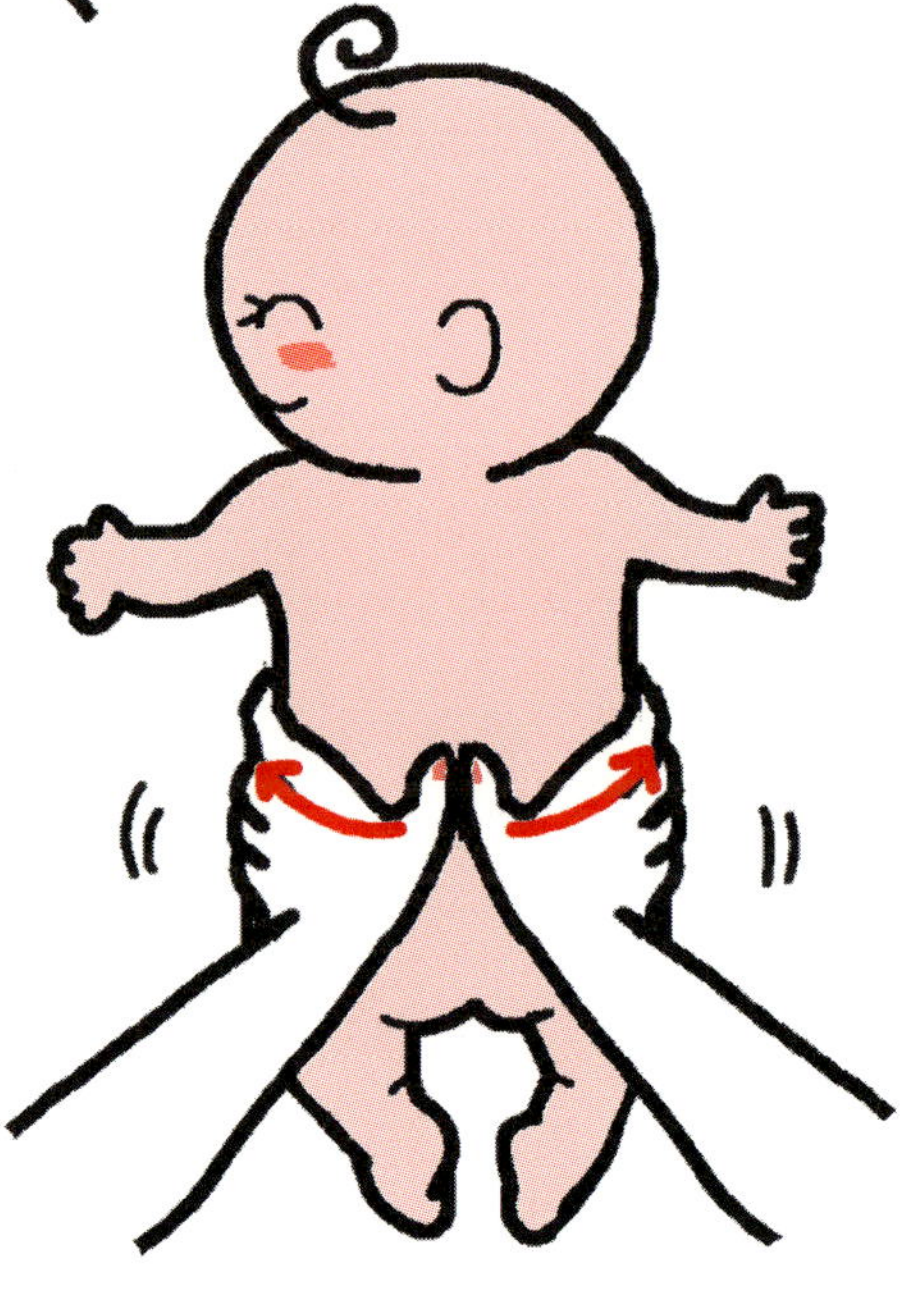

3

両手のひらで、腰の真ん中からわき腹に向かって軽く5回さすります。
一呼吸おいて再度繰り返します。

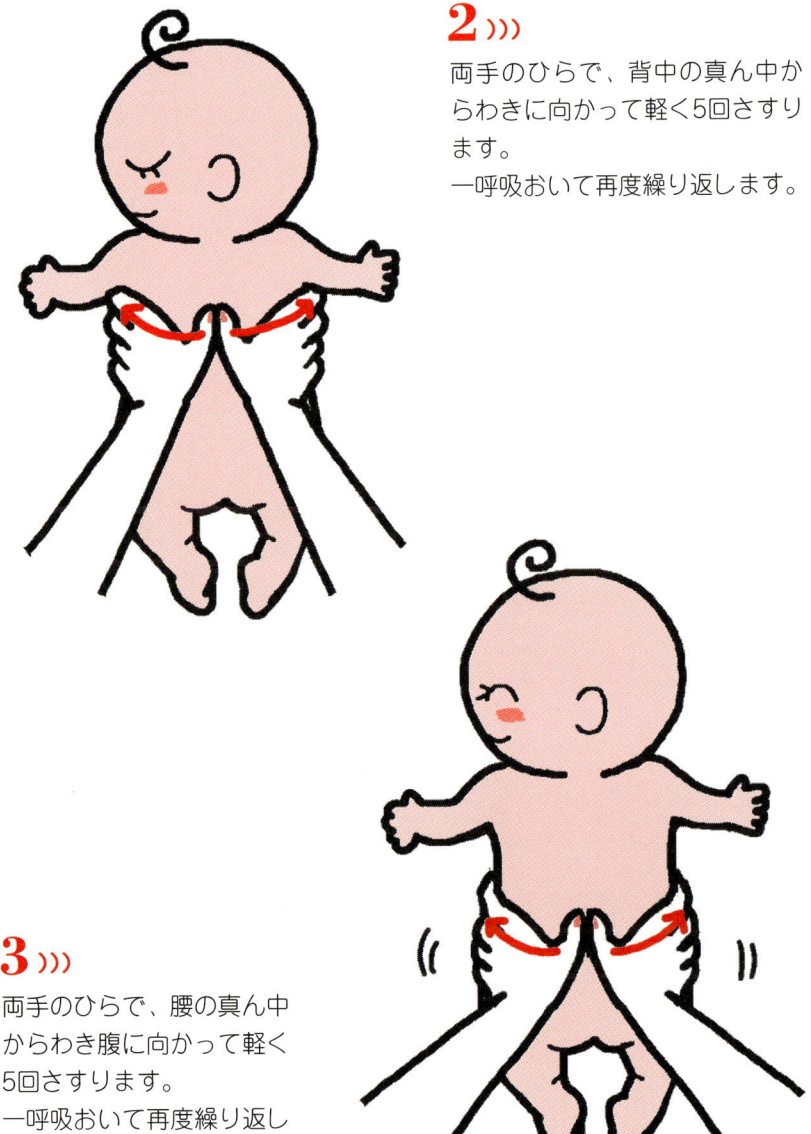

4

両手のひらでお尻を左右から軽くはさみ、腰に向かって圧を逃すように円を描きます。
これを5回行ないます。
一呼吸おいて再度繰り返します。

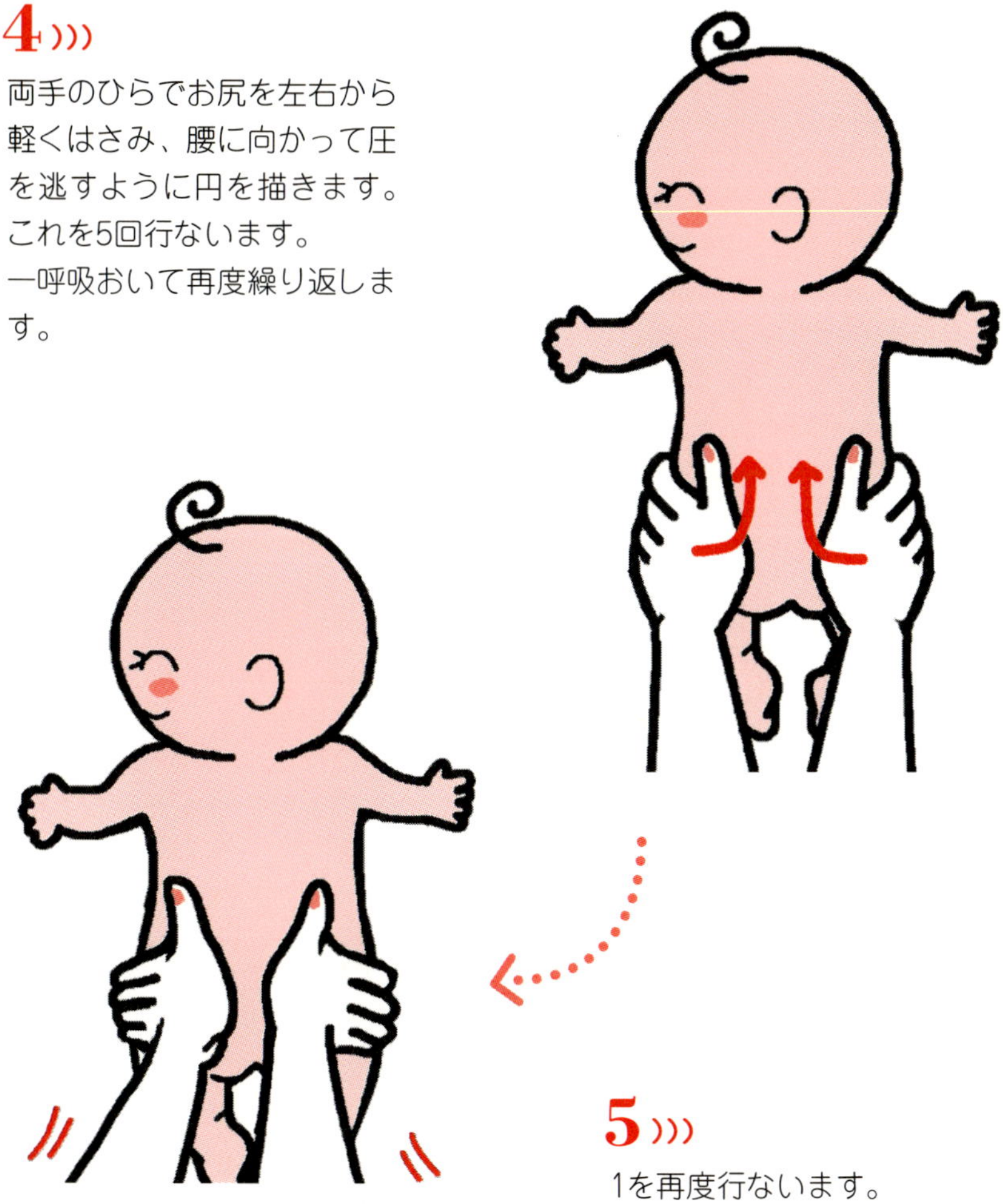

5

1を再度行ないます。

＊この手順はお座りを促したり、つかまり立ちを促したりするのにも効果的です。

＊腰は強く押さえないようにしましょう。

第3章

症状別に行なう
ベビー
ドレナージュ

1 ベビードレナージュで〝ちょっと困った〟を解消しましょう

一年間に相当数のご家族にお会いします。

傍《はた》から見ると、育児上の問題が見当たらないように見えても、話を聞いていますとちょっとした悩みをお持ちの方が多いようです。

ここでは、よく見られる悩みを解消するためのドレナージュ＆エクササイズを紹介したいと思います。

日常のちょっと困ったを解消するベビードレナージュ①

からだを丈夫にしたいときに行なう 胸郭運動

循環機能と呼吸機能を同時に高めるための運動法です。赤ちゃんの胸郭は非常に柔らかいので、つい力が入りますが、少し動かす程度で十分ですから、強く押さえすぎないように気をつけてください。

脇腹の皮膚を左右から軽く胸の前に向かって動かしながら、圧を上に向かって逃すようにゆっくりと円を描きます。胸郭を強くはさみすぎないように気をつけてください。

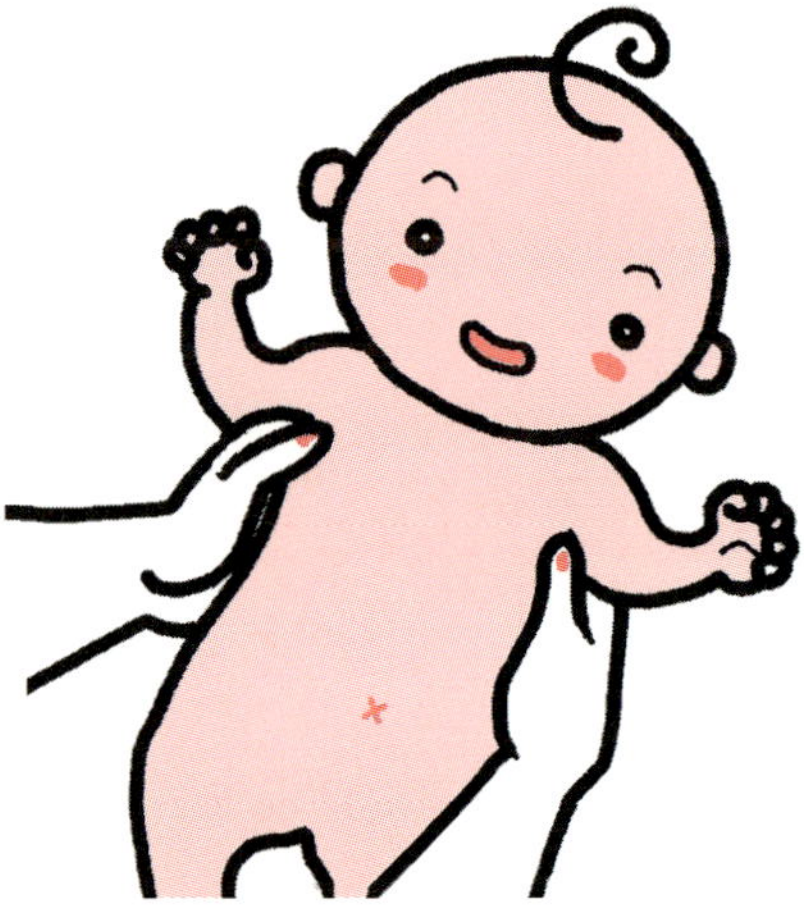

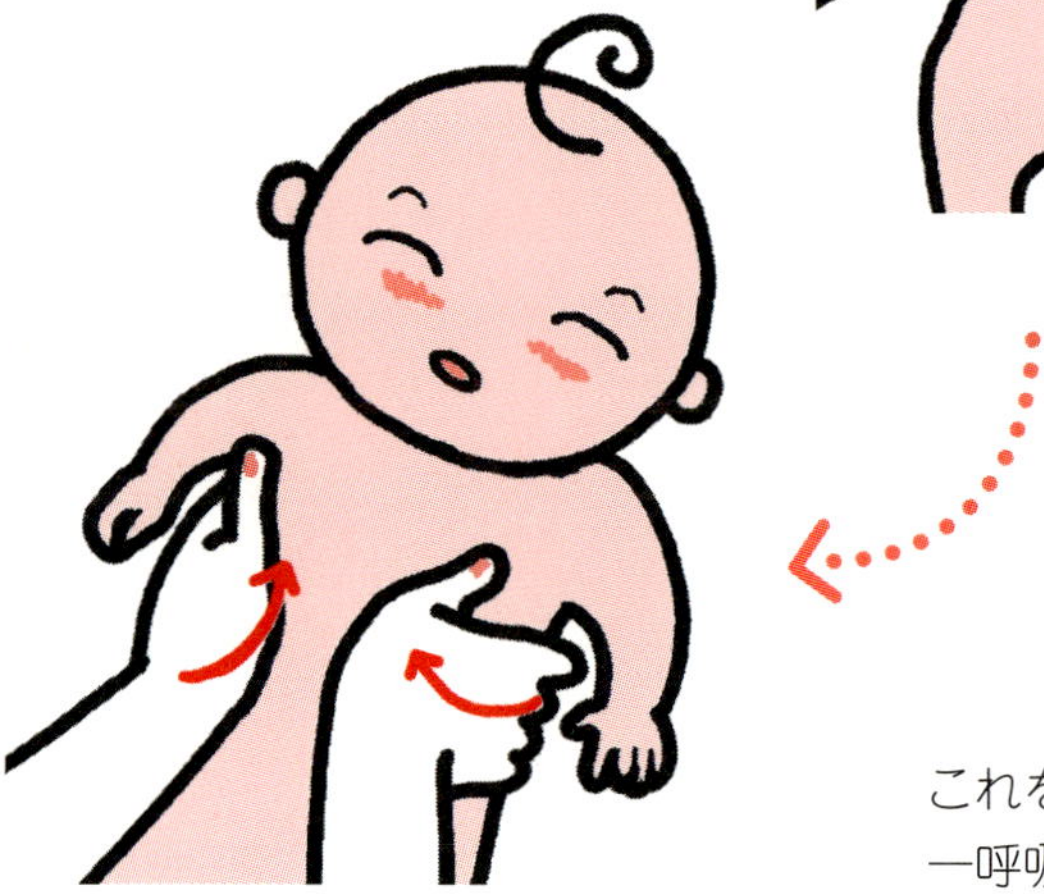

これを5回行ないます。
一呼吸おいて再度繰り返します。

日常のちょっと困ったを解消するベビードレナージュ②

向き癖を解消させたいときに行なうドレナージュ

お母さんの心配事の上位に入る向き癖。ドーナツ枕も意外と効果を期待できないようです。無理に矯正すると首の筋を痛めてしまいますので、ソフトなドレナージュで対処しましょう。

●右側を強く向く赤ちゃんの場合●（左側の場合は左右逆に）

1

首の右側に4本の指をあて、下から上に向かって皮膚をゆっくりと動かし圧を後ろに逃すように円を描きます。これを5回行ないます。

一呼吸おいて再度繰り返します。

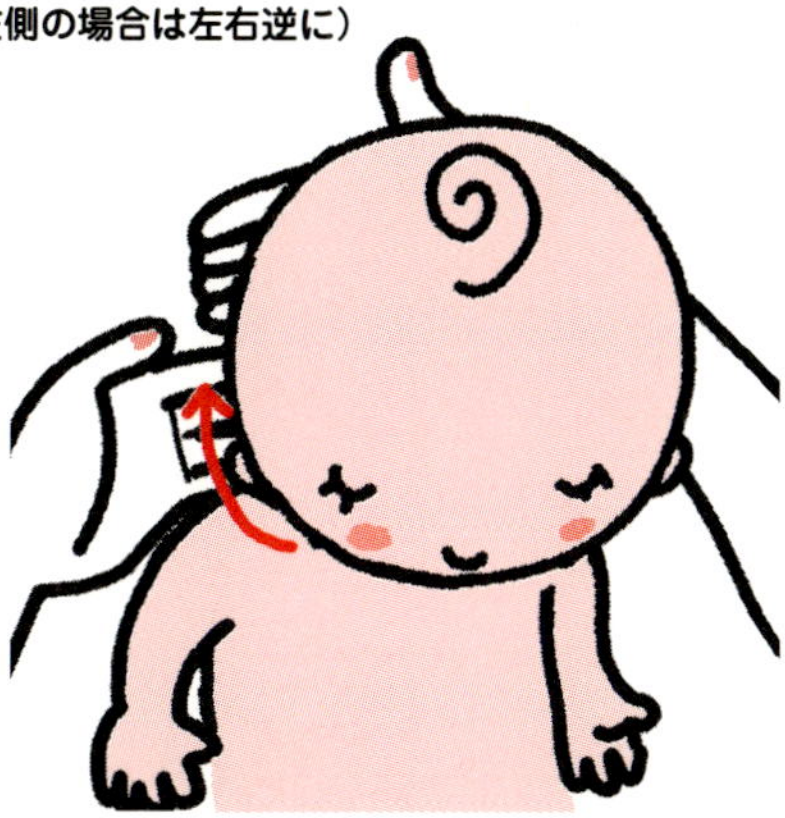

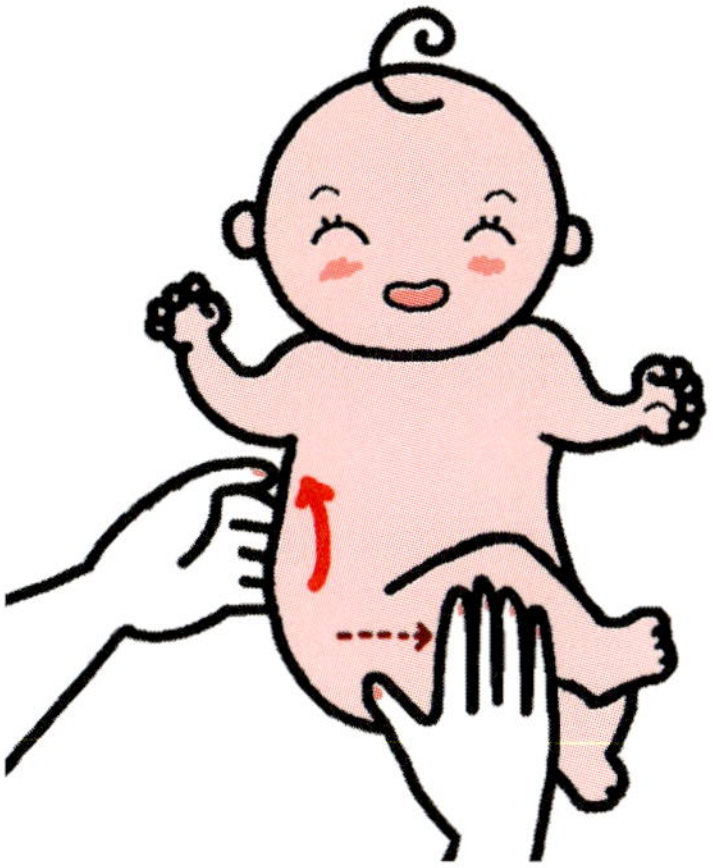

2

赤ちゃんの腰を左側にひねった状態で、右のわきの下の皮膚をゆっくりと上に向かって動かし、圧を後ろに逃すように円を描きます。これを5回行ないます。

一呼吸おいて再度繰り返します。

日常のちょっと困ったを解消するベビードレナージュ③

食欲不振のときに行なうドレナージュ

食欲不振の場合は、便秘の場合と胃の付近の緊張が考えられます。ここでは、胃の緊張を緩和するベビードレナージュを紹介したいと思います。食事の30分ほど前に行なってみてください。

みぞおちの部分に手のひらを軽くあてがいます。その状態で時計まわりにゆっくりと皮膚を動かします。これを5回行ないます。
一呼吸おいて再度繰り返します。

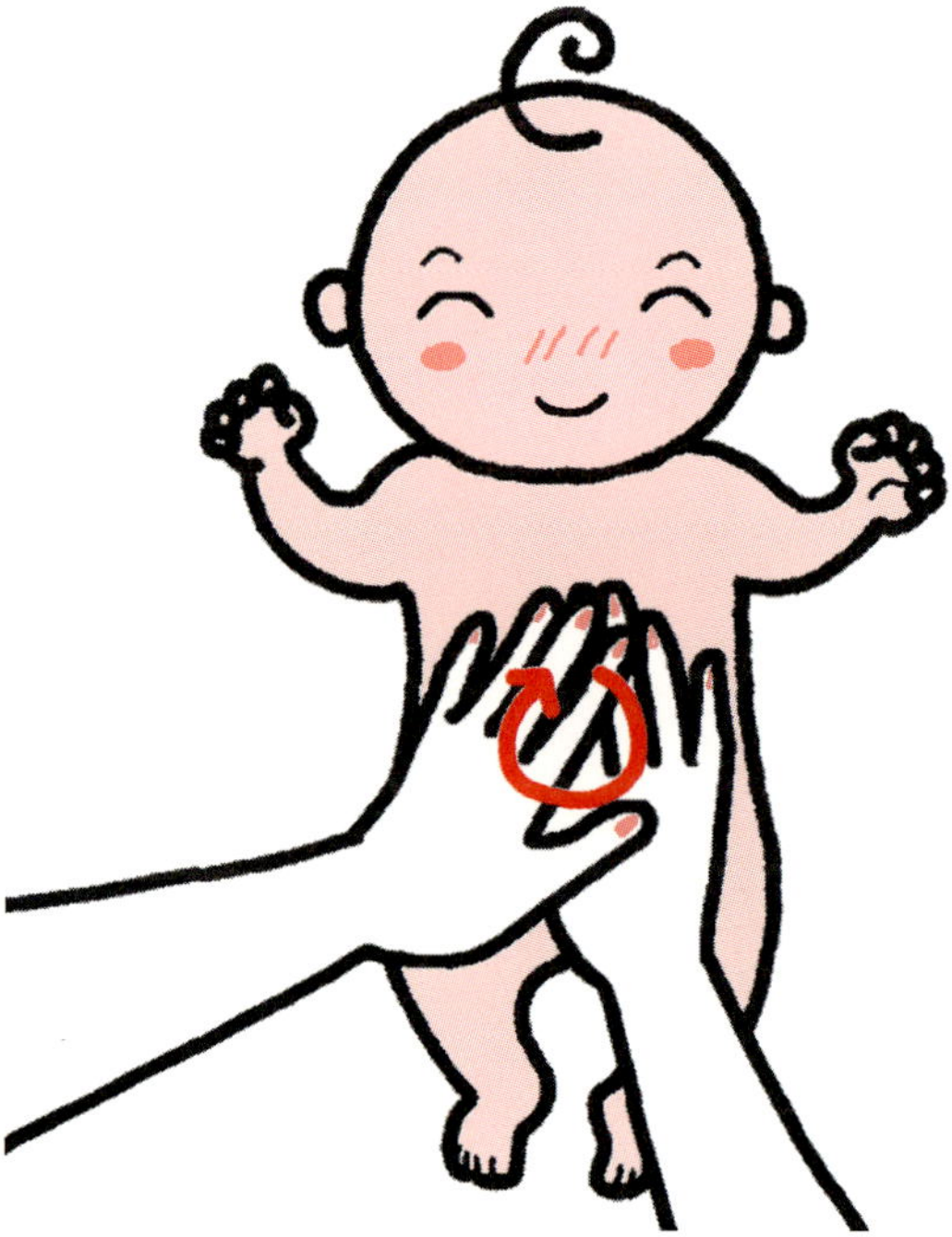

消化不良のときに行なうドレナージュ

食べたものがそのまま出てくるときは、離乳食の進みが早すぎるケースが多いようです。また、お腹がフニフニ締まっていない赤ちゃんも消化が悪い傾向にあります。食後1時間はあけて行ないましょう。

1)))

おへその上に両手をあてがいます。その状態でゆっくりとおへその周辺の皮膚を左右に動かします。これを5回行ないます。

一呼吸おいて再度繰り返します。

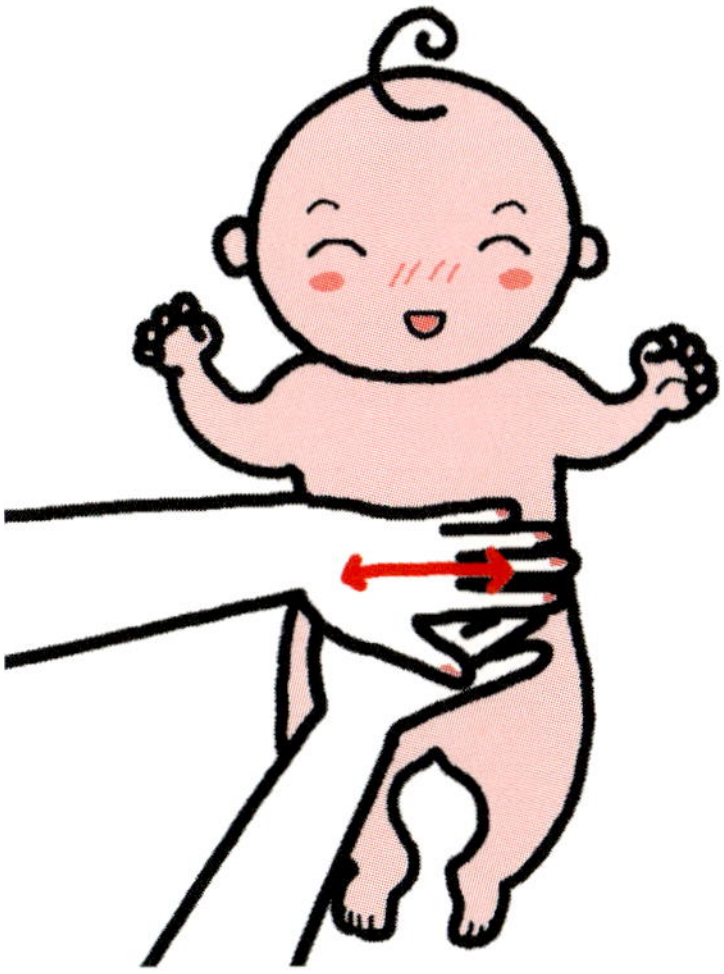

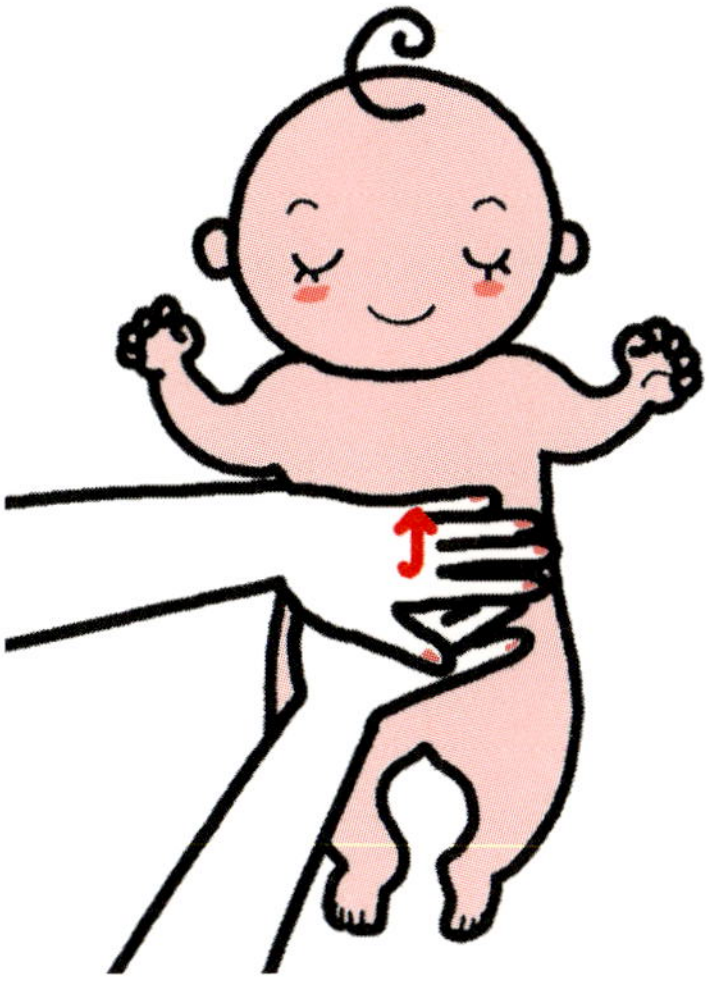

2)))

今度はおへそ全体を軽く押して少し上に向かって圧を逃すようにします。これを5回行ないます。

一呼吸おいて再度繰り返します。

日常のちょっと困ったを解消するベビードレナージュ⑤

夜泣きが続くときに行なうドレナージュ

起きているときにビックリするようなことがあると夜泣きをします。夜、赤ちゃんにゆっくりとした口調で語りかけながら寝かせると夜泣きは軽減します。それでもだめならドレナージュの出番です。

おへそと額の少し上にそれぞれ手のひらを当てます。同時におへその皮膚を下に、額の少し上の部分は後頭部のほうに向かって、ゆっくりと皮膚を動かします。これを5回行ないます。
一呼吸おいて再度繰り返します。

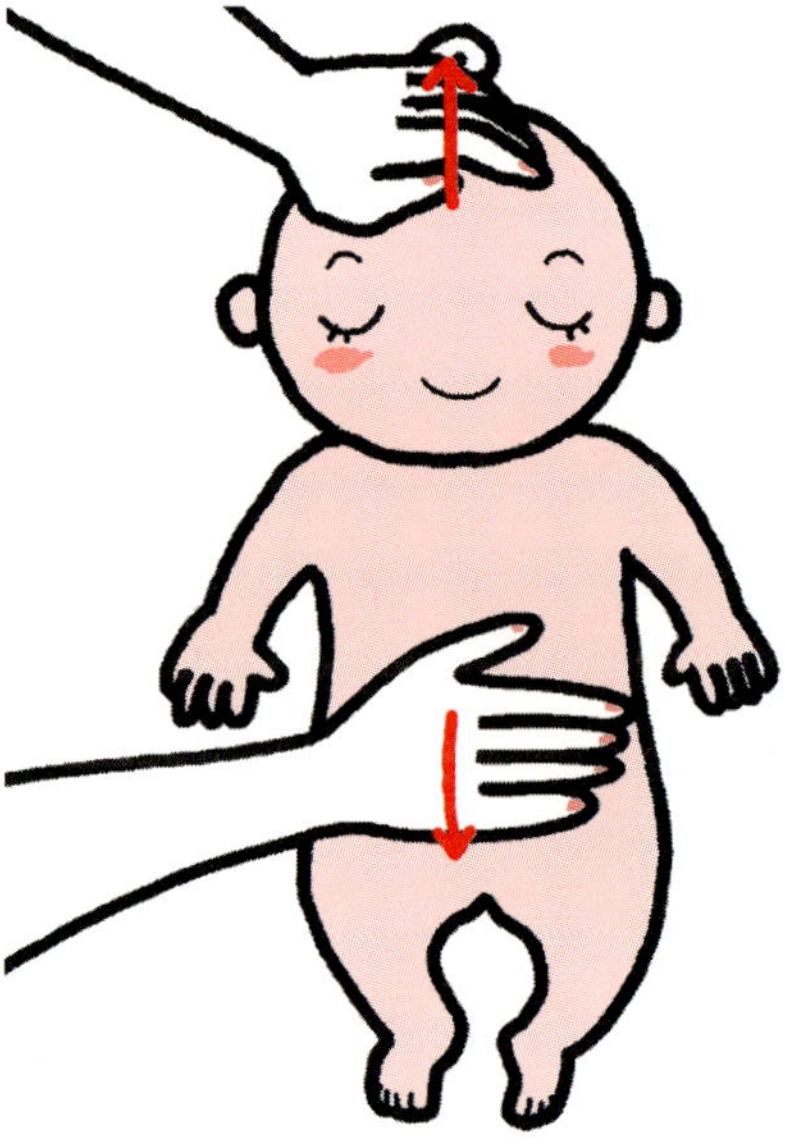

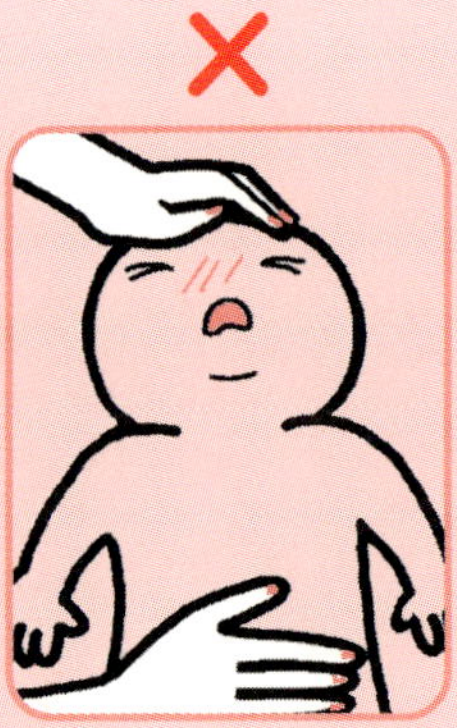

＊あごが出ないように注意しましょう。

日常のちょっと困ったを解消するベビードレナージュ⑥

便秘が続くときに行なうドレナージュ

赤ちゃんの便秘に悩むお母さんが意外に多いようです。少し水分を増やして、股関節の運動やお腹のドレナージュを行なってみてください。それでも出ないようでしたらこれをお試しください。

おへそと左の腰骨の真ん中に右手の4本の指をあてがい、その上に左手を添えます。指2関節分の深さを押して圧をからだの中心に向かって逃すような感じにゆっくりと5回行ないます。
一呼吸おいて再度繰り返します。

日常のちょっと困ったを解消するベビードレナージュ⑦

かんの強い子に行なうドレナージュ

一昔前ですとかんの虫を取るおまじないを行なうところですが、今は、精神的な緊張を解くためのベビードレナージュがあります。本格的に虫の居所が悪くなる前に行なうようにしてください。

うつ伏せに寝かせます。人差し指と中指で、首の付け根からお尻まで背骨の両サイドを、ごくごく軽くゆっくりとさすります。

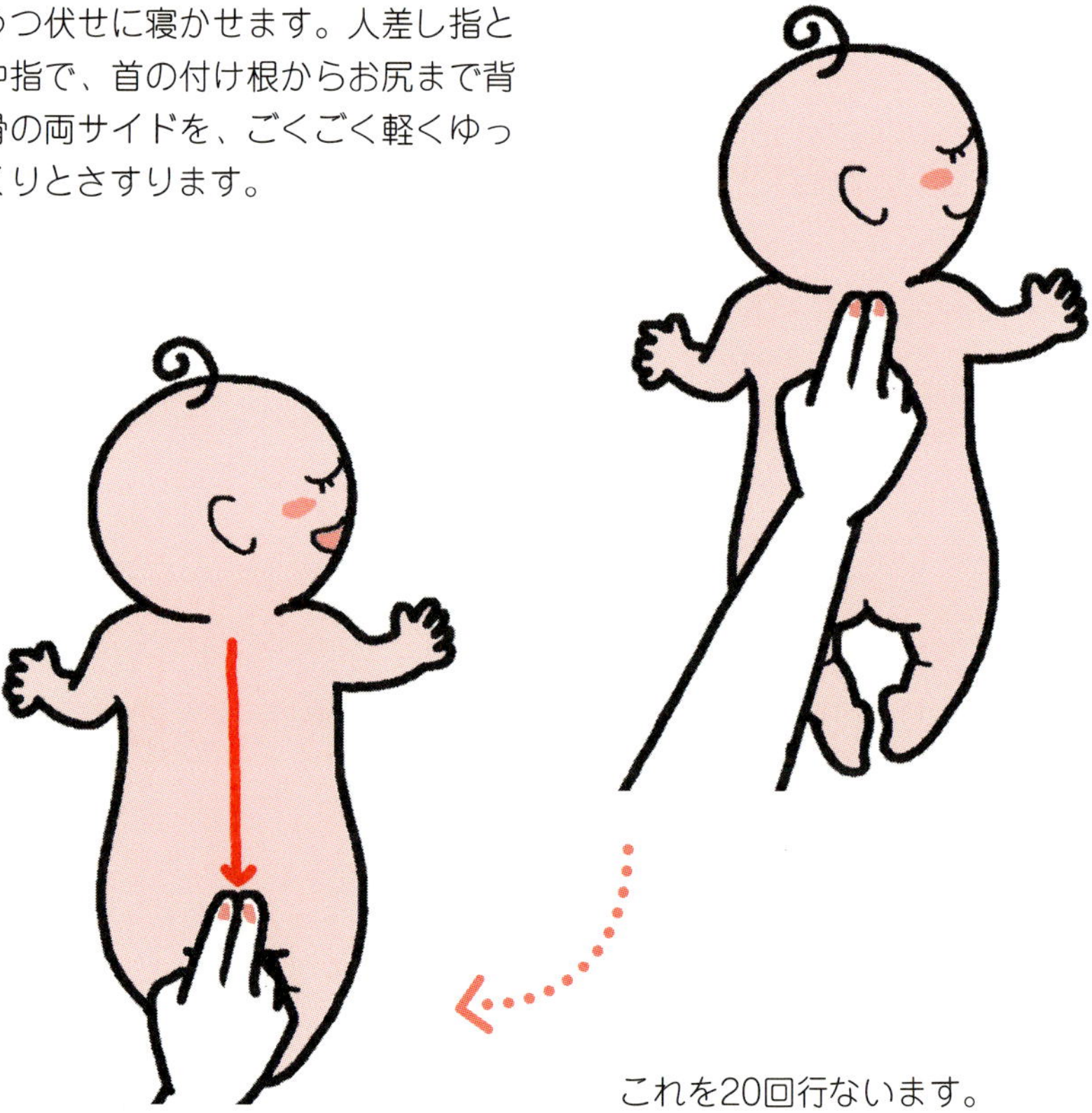

これを20回行ないます。

発育に関するベビードレナージュ①

からだが固太りしないときに行なうドレナージュ

母乳で育てますと赤ちゃんの固太りを促します。それに加えてベビードレナージュを行なうとさらによいのですが、それでもなかなか固太りをしない場合は、ポンパージュという手技を行ないます。

右のソケイ部に左手の4本の指をそろえてあてがいます。指の腹全体でソケイ部を軽く押さえ、少し上に圧を逃す感じにゆっくりと動かします。指を肌から離さないように気をつけながら5回行ないます。
一呼吸おいて再度繰り返します。

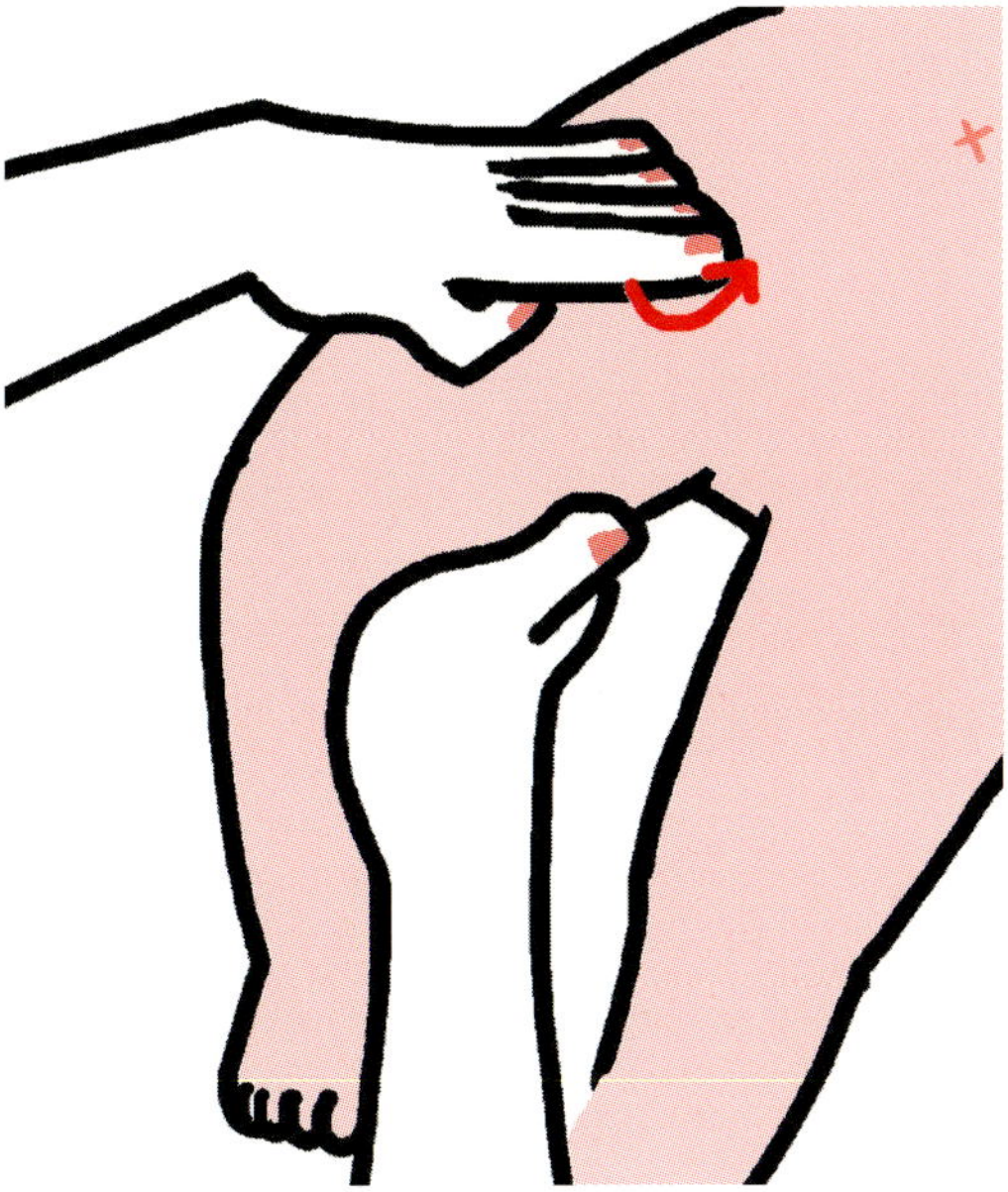

発育に関するベビードレナージュ②

体重が増えないときに行なうドレナージュ

体重は、身長とともに赤ちゃんの個人差が大きなものです。これは消化吸収と筋肉の運動に大きく左右されますから、食欲不振、消化不良のときのドレナージュを行なってから、このドレナージュを行なうとよいでしょう。


ふくらはぎを手のひら全体で軽く圧迫します。その状態でひざに向かってふくらはぎ全体を動かしながら圧を逃します。

これをゆっくり5回行ないます。

一呼吸おいて再度繰り返します。

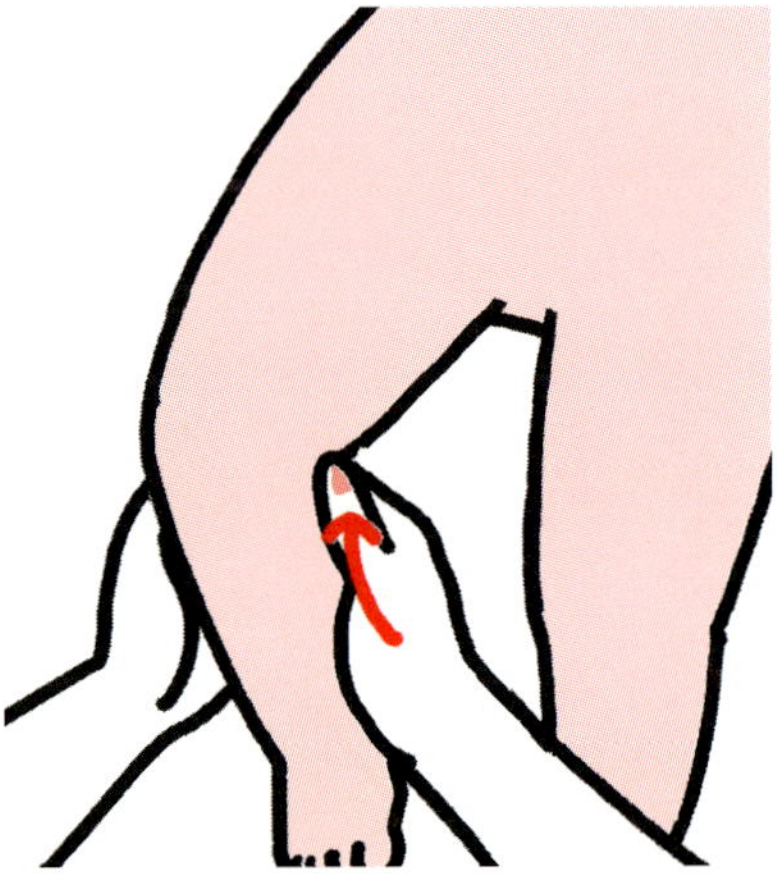

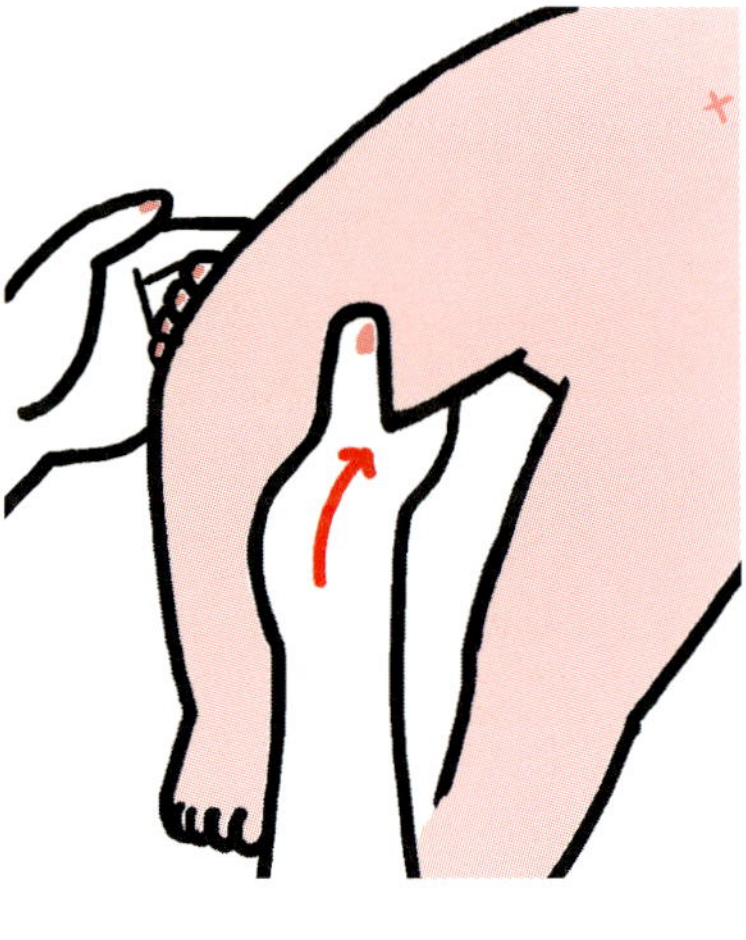

太ももの裏も同様に行ないます。

発育に関するベビードレナージュ③

身長が低いときに行なう体操

成長は個人差がありますから、一様に成長が進むわけではありません。ですが、お子さんの身長が低いとどうしても気になるようです。そのときには、この金魚体操をおすすめします。

仰向けに寝かせ、背中側から両わきに手を通します。軽く上半身を引きながらリズミカルに上半身を左右に20回揺さぶります。

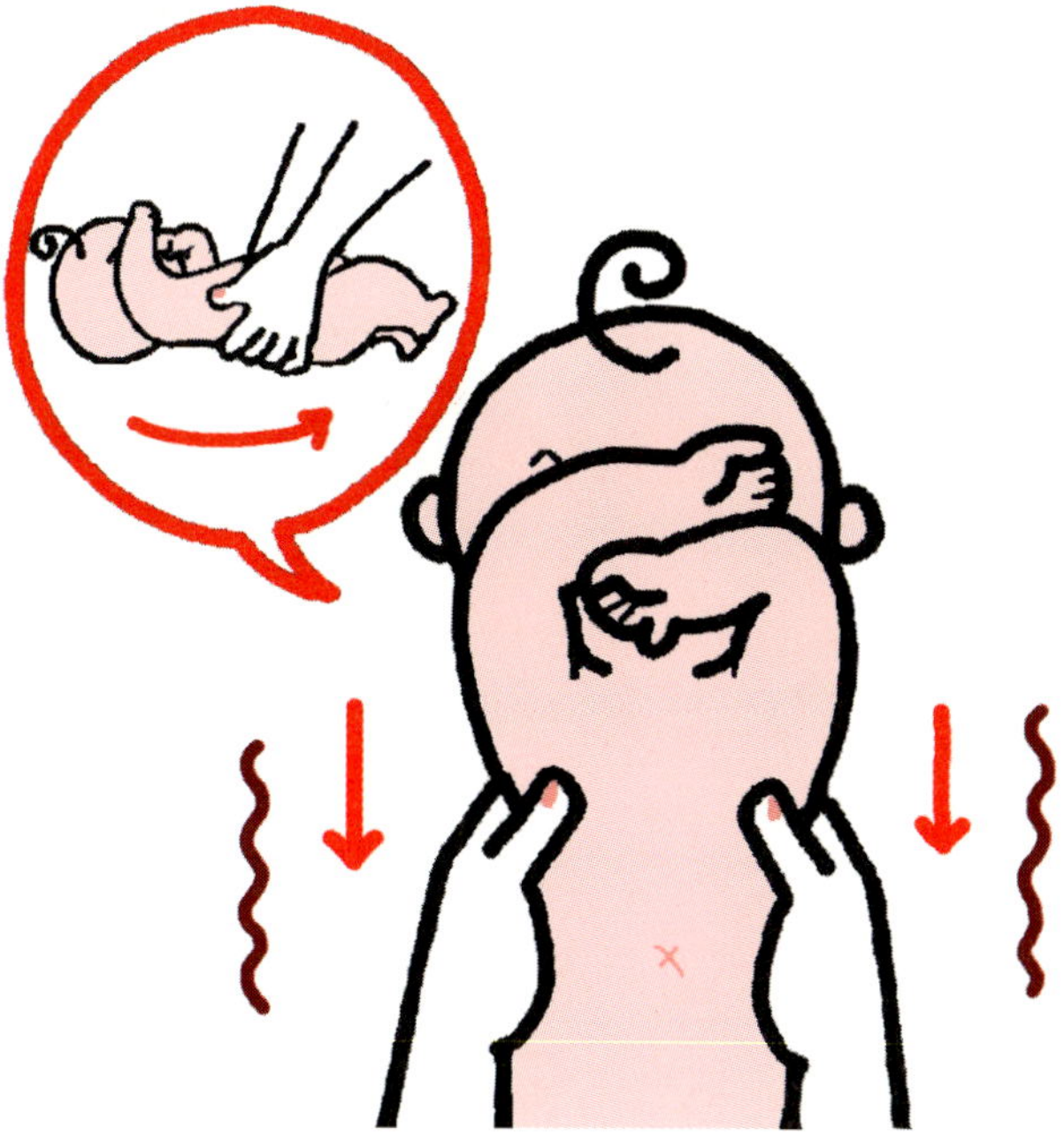

発育に関するベビードレナージュ④

寝返りを促すときに行なう ころがり運動

寝返りは、顔を正面に向けられる、手を胸の前で合わせられる、ひざをお腹のほうに引き寄せられるという3要素が加わるとできるようになります。できるだけ18カ月以内に寝返りができるよう促してあげてください。

股関節と肩の運動を行ないます（第2章参照）。終わったら、ゆっくりとからだを転がします。2回右に転がしたら、左にも2回転がします。これを2回繰り返します。

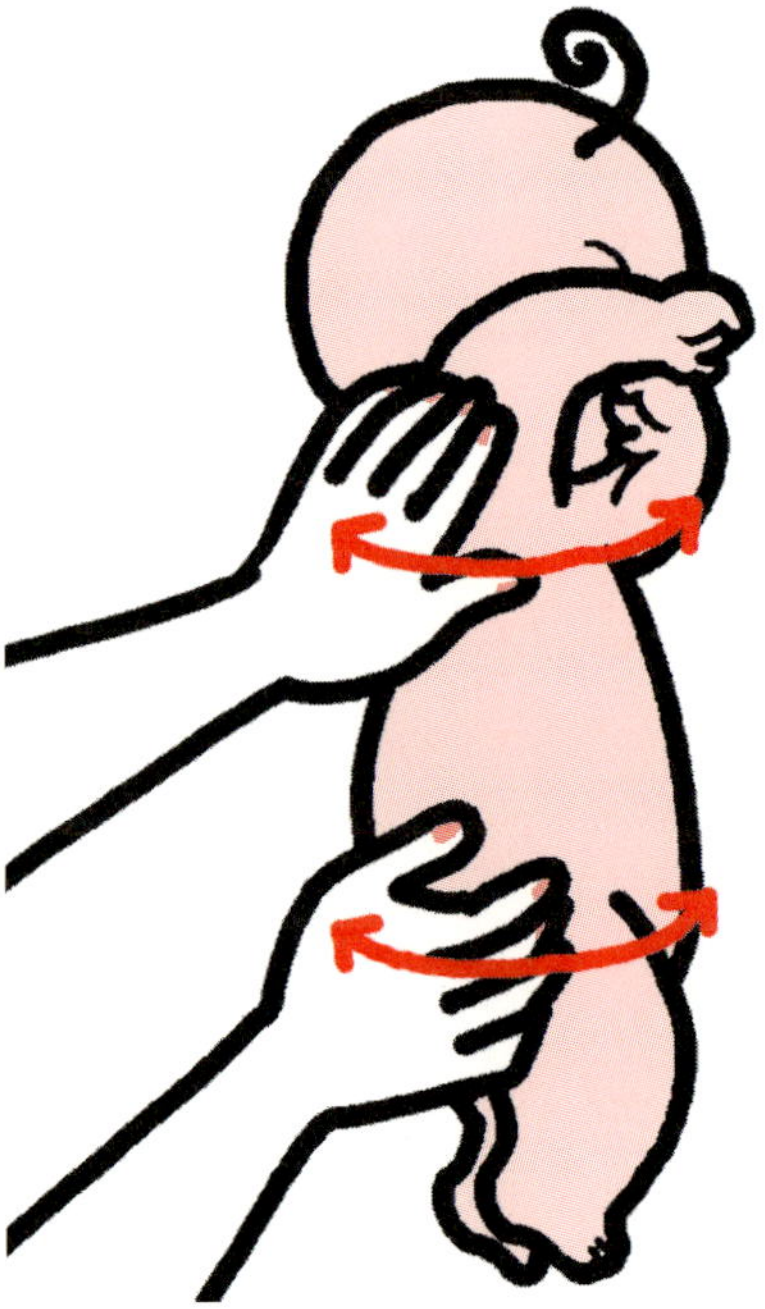

たっちが遅いときに行なう 荷重マッサージ

たっちは、自分で座れ、股関節とひざを伸ばした状態でからだを支えることができて初めてできるものです。このマッサージは、脚に荷重がかかるのを学習させ、たっちを促すマッサージです。

1)))

脚を伸ばして、足首を90度に立てます。

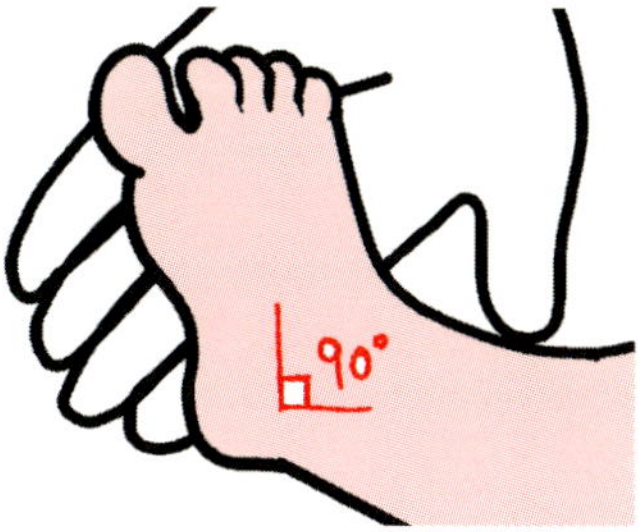

2)))

1の状態で、ひざ下全体の皮膚をゆっくりとひざに向かって動かします。これを10回行ないます。

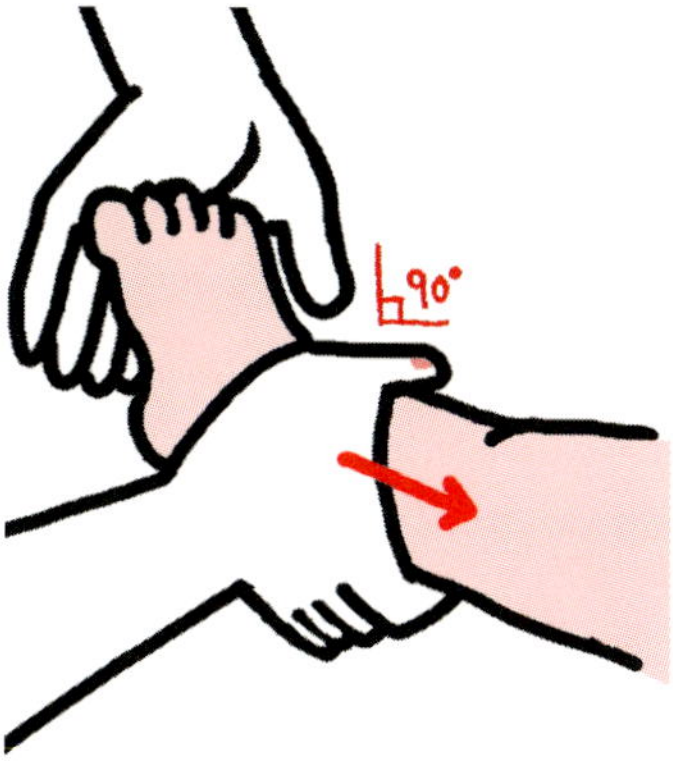

3)))

太もも全体も同様に10回。反対側の脚も行ないます。

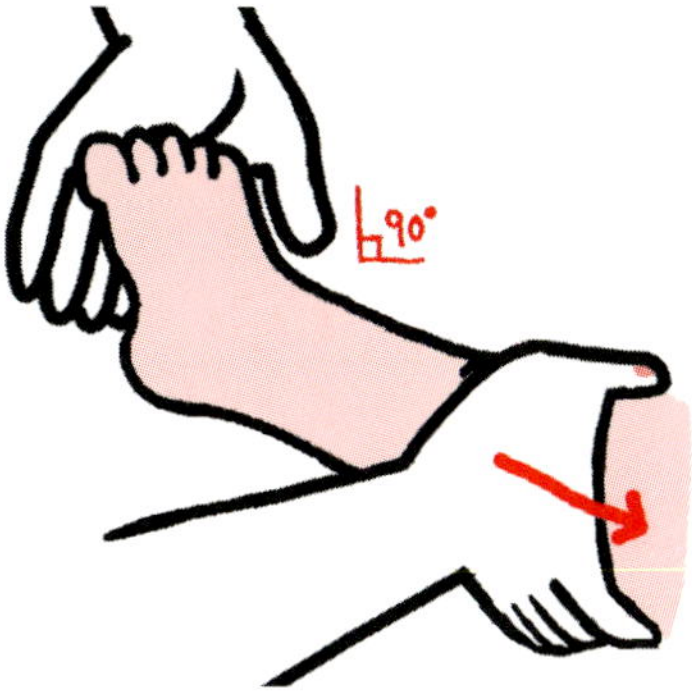

発育に関するベビードレナージュ⑥

ものごとに無関心な子に行なう体操

赤ちゃんは好奇心の固まり、というのは昔の話なのかもしれません。最近は、多少のことでは動じない（無関心）赤ちゃんが増えてきました。こういったお子さんには“よいこよいこ”が特効薬です。

赤ちゃんの頭に手のひらを置きます。後頭部に向かって頭皮を優しく少しだけ動かします。これを5回行ないます。
一呼吸おいて再度繰り返します。

長期間ぜろぜろいうときに行なうドレナージュ

赤ちゃんのぜろぜろは見ていてかわいそうになります。代われることなら代わってあげたいと思うことでしょう。ぜろぜろしそうになるのを見計らって行なうと効果的です。

肩の付け根で鎖骨のすぐ下に少しくぼんだ場所があります。そこに4本の指をそろえてあてがいます。その部分を上に向かって押し、肩に向かって圧を逃すように円を描きます。これを5回。
一呼吸おいて再度繰り返します。

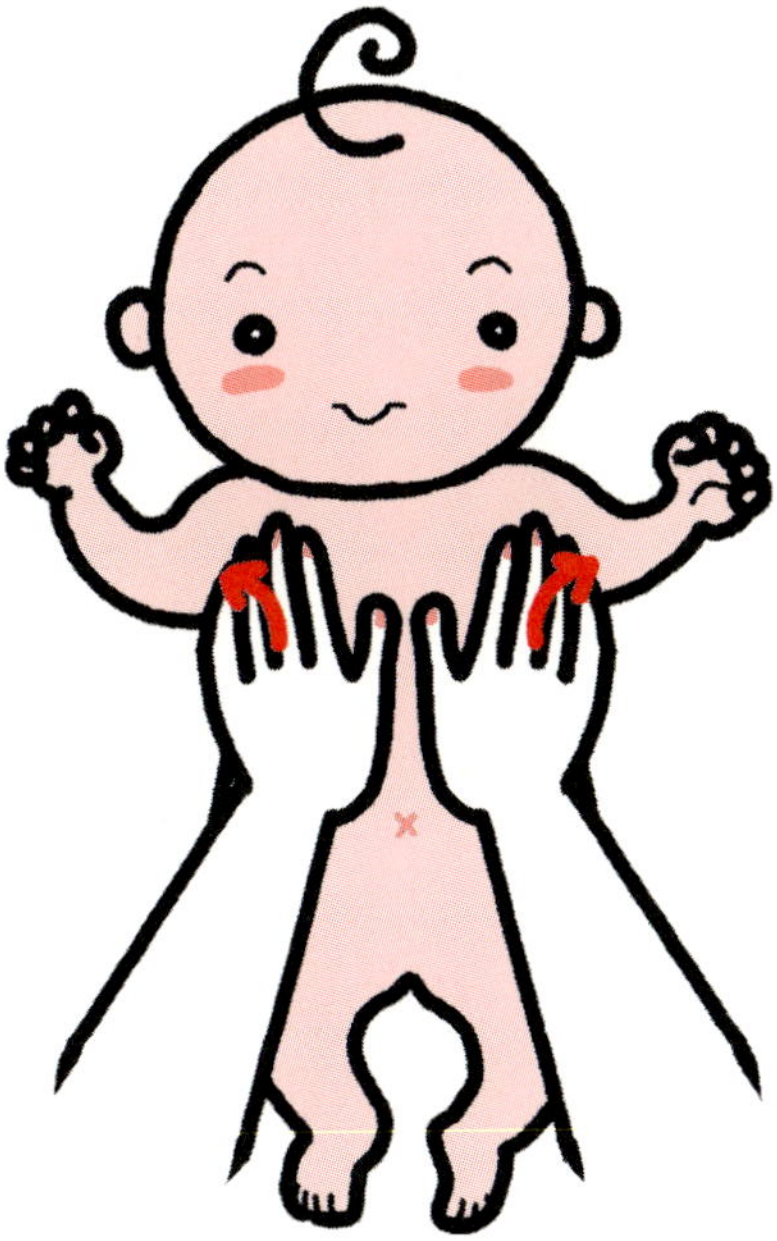

そのほかの困った症状のときに行なうベビードレナージュ②

頭の形がいびつな子に行なうドレナージュ

赤ちゃんの頭は、出産時はどの子もひょろ長くていびつなものです。頭の形が多少悪くても障碍はおきませんが、親としては気になるもの。簡単に頭の形を整える方法を伝授します。

仰向けに寝かせます。耳の上にそれぞれ4本の指をそろえてあてがいます。軽く上に向かって引き上げながら、後頭部に向かって圧を逃すように円を描きます。これを5回。
一呼吸おいて再度繰り返します。

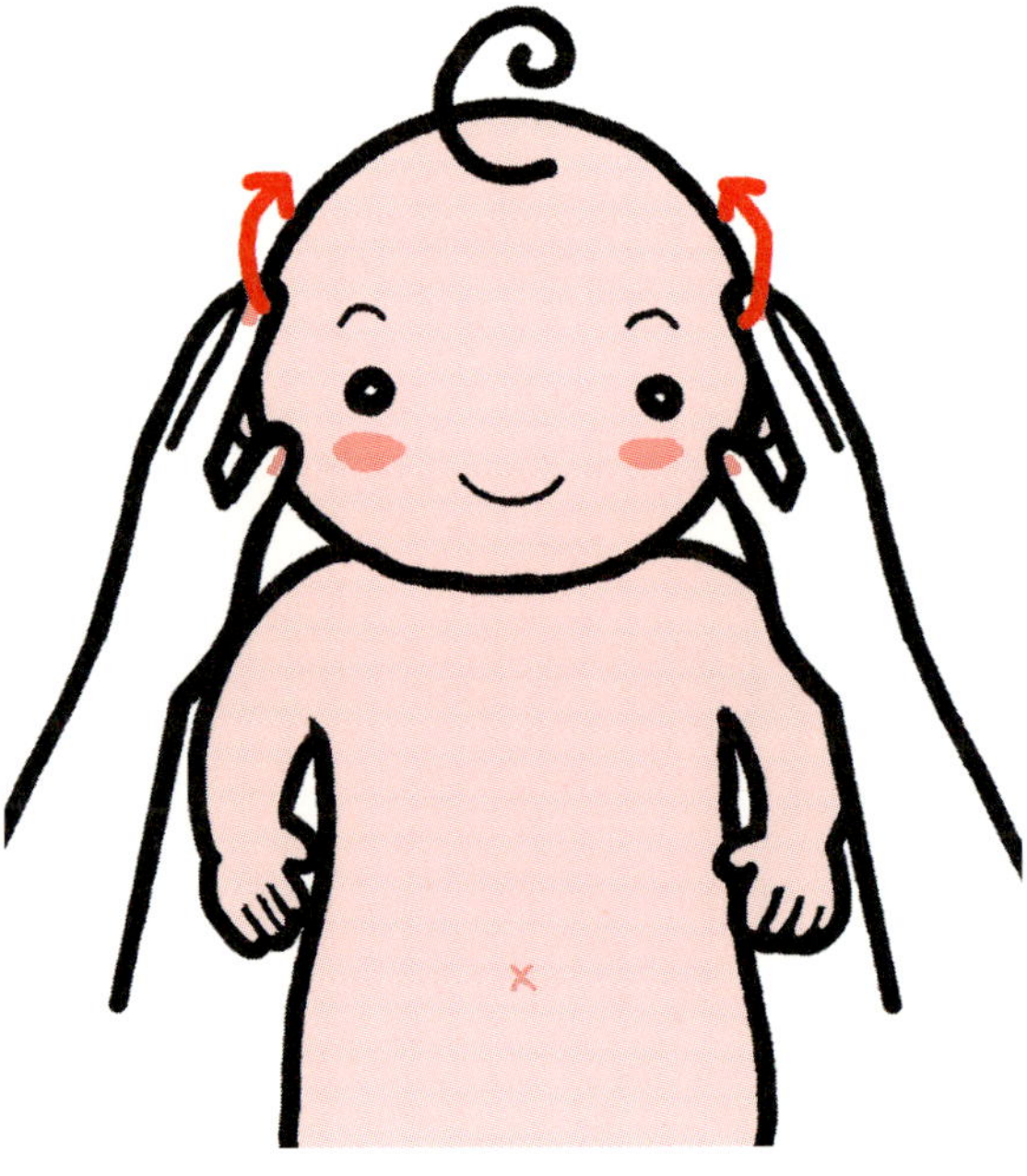

そのほかの困った症状のときに行なうベビードレナージュ③

胸郭の形がいびつな子に行なう ベビーストレッチ

赤ちゃんの体型の左右差で、頭の次に気になるのがこの胸郭。赤ちゃんの胸郭は柔らかいので、押しすぎないように気をつければ、左右差はお母さんでも解消できます。

仰向けに寝かせ、胸部を左右から押さえます。軽く上半身を引きながらゆっくりと上半身を右に5秒ひねります。ゆっくり戻して左側も同様に5秒。これを3回繰り返します。

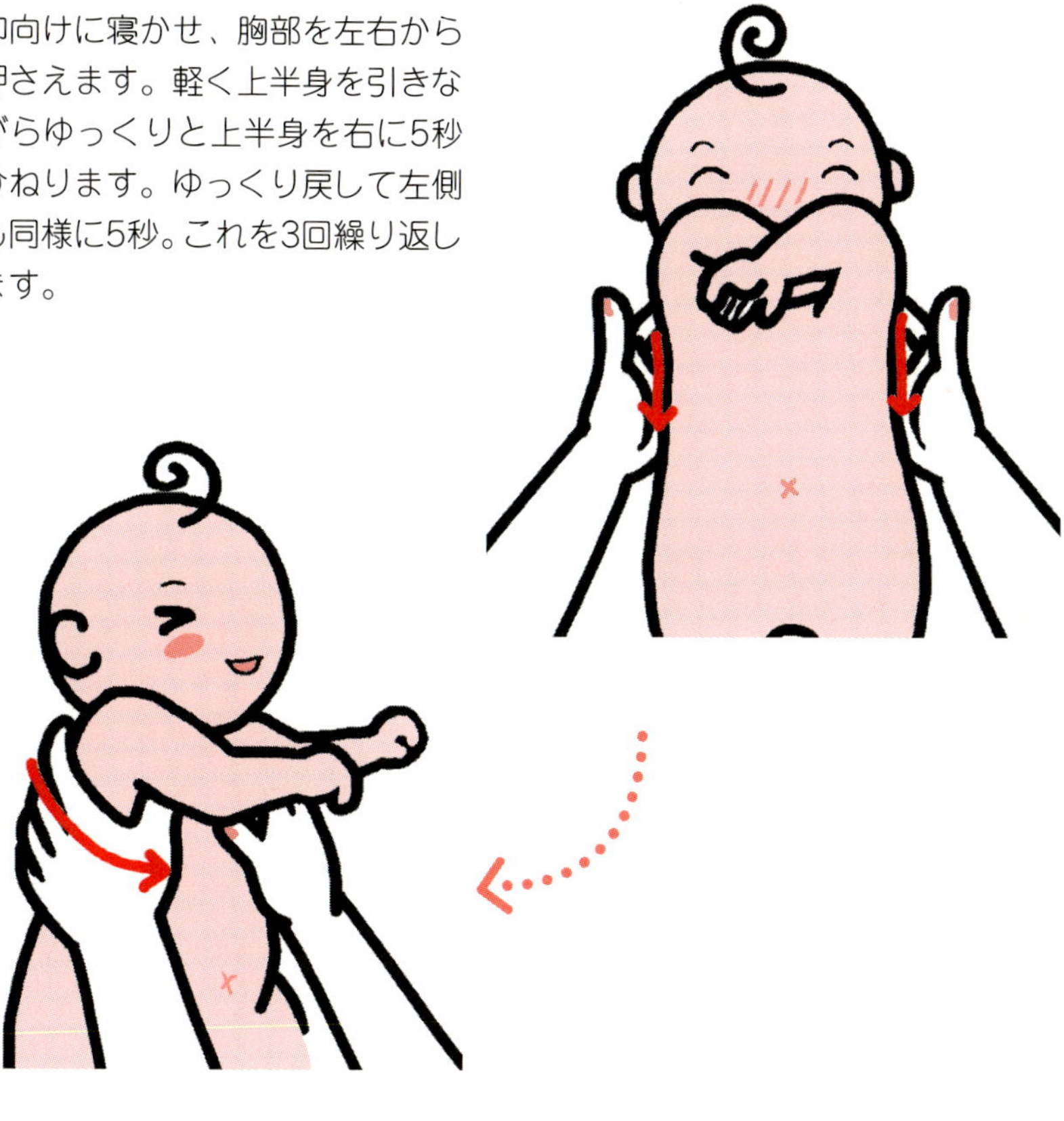

第4章

赤ちゃんのために行ないたい生活習慣

1 赤ちゃんのために日常生活で気をつけることは

少しでも赤ちゃんのこころとからだの成長を促したい、というお母さんが本書を読まれていると思いますので、ここから先は皆さんのご存知の内容が多いかもしれません。ですが、赤ちゃん整体に通われているお母さん方から話を聞いていると、生活するうえで改善したい点が、次のように共通して浮かび上がってきます。

セルフベビードレナージュの効果をより高めるためにも、ぜひ、一とおり目を通してください。

テレビはつけっぱなしにしない

二〇〇四年にアメリカの『PEDIATRICS』に長時間のテレビ視聴に関する報告がありました。赤ちゃんの長時間のテレビ視聴と、七歳児のAD／HD（注意欠陥・多動性障碍《しょうがい》）との間に高い相関関係があるというものです。これは、テレビがAD／HDの原因であるということを直接示すものではないのですが、赤ちゃんに対するテレビの害が明確になったといえるものでした。それを受けたかのように、日本でも日本小児科医会と日本小児科学会において、相次いで同様の趣旨の報告がありました。

この報告を見て、さっそく、赤ちゃんを持つお母さん方に普段のテレビを見せる時間を聞いてみたところ、「テレビはつけっぱなしです」と答えた方は少なくありませんでした。テレビによる光と音の刺激は相当なものです。その刺激に慣れた赤ちゃんはどうしてもより強い刺激を求めてしまうのかもしれません。

私の実感としては、テレビの長時間視聴による弊害は、次のようなものがあると考えています。

・集中力が持続しない
・言語の発達が遅れる
・身体的・生理的発育が遅れる
・手先が不器用になる
・感情表現が乏しい
・自立心を養いにくい
・障碍児のリハビリ効果を遅らせる　など

実際に、テレビの視聴時間を一日三〇分程度まで減らすようにしてもらうと、数カ月もしないうちに目に見えるほど違いが現れますし、落ち着きのないお子さんが椅子に座って物事に集中できるようになっていきます。テレビは育児の補完になるかもしれませんが、子供のうちは極力見せないようにしたいものです。

絵本の読み聞かせを十分に行なう

赤ちゃんに絵本の読み聞かせをすることは、感性を豊かにし実感の伴う言葉数を増やすのに効果がありますが、ほかにも多くの効果が期待できそうです。

ＡＤ／ＨＤと診断されたあるお子さんのケースを紹介しましょう。

そのお母さんはお子さんが赤ちゃんの頃に『ゆきのひのうさこちゃん』（ディック・ブルーナ著）という絵本を読み聞かせしていました。その子が寝る前には必ず、その本を読んでいたそうです。いつしか絵本を読まなくなり、三歳になる頃には、その子は落ち着きがなく、物事に集中することが苦手になっていました。

ある日、お母さんとその子供が待合室で座っていると、いつものように子供が椅子に座っていられなくなってきました。手持ちのおもちゃを渡してもすぐに飽きてしまいます。その時、お母さんが思い出したかのように『ゆきのひのうさこちゃん』をお子さんに語り聞かせました。するとどうでしょう。椅子に座っていられなかった子供が急に大人しくなり、お母さんの話をじっと聞き始めたのです。

その日以降、お母さんは絵本の読み聞かせを欠かさず行なうようにしたところ、お

子さんに集中力が付き始め〝騒がしい子供〟から〝落ち着いた子供〟へと変化していったのです。

絵本の読み聞かせの効果は、落ち着いた子供になるといったほかにも、語《ご》彙《い》数が増える、感性が豊かになる、集中力が身に付くなど多くの効果がありますので、テレビを見せるのであれば積極的に絵本を読み聞かせてください。

手遊びは昔のもので

赤ちゃんとお母さんのコミュニケーション手段として、手遊びほど簡単にできるものもなかなか見つかりません。本当に多くの種類の手遊びがあり、毎年のように新しい手遊びが増えています。そして、年々、音の強弱の差が大きく複雑なリズムの手遊びが多くなってきたように思います。お母さん方は、手遊びをどのように選んでいるでしょうか。

私は「なるべく昔の手遊びを」と話すようにしています。手遊びはお母さんのためではなく、お子さんのために行なうものだからです。お母さんが歌っていて楽しいものは、お子さんのストレスの原因になるかもしれません。

お母さんが赤ちゃんに語りかけるときのことを思い浮かべてください。

音の強弱は大きいでしょうか。リズムは複雑でしょうか。そんなことはないですよね。音の強弱は少なく単調なリズムで話しかけているはずです。

お母さんの機嫌の悪い時や、赤ちゃんを叱る時の声はどうでしょうか。

たとえば、夫婦喧嘩《げんか》のときの「あなた！　いつも○○してって言っているでしょ！」という台詞は音の強弱が大きく、複雑なリズムです。

昔の手遊びは、長い経験からお母さんが赤ちゃんに優しく語りかけるのにもっとも適した音とリズムの組み合わせだったのです。しかも単純な動作は赤ちゃんにとっても心地よいものです。ですから手遊びは、なるべく昔からあるものを中心に行なって欲しいと思います。

赤ちゃんの時間を大事にする

一日は二四時間で一時間は六〇分。そして一分は六〇秒。

当たり前のことですが、すべての人に同じように時間は過ぎていきます。ですが、同じ一分一秒であっても、子供と大人では同じように流れていないことをご存知でしょうか。このことを理解していると、お母さんと赤ちゃんの争いの種は確実に一つ少なくなります。

＊大人よりも時間はゆっくり流れる

お母さんも実感したことがあるはずです。「最近は一日の終わりが早い」ということを。これは同じ一日であっても、その人の人生に対する割合がどんどん小さくなっていることから、相対的に一日の時間を短く感じるのです。

たとえば、六カ月の赤ちゃんの一日は、赤ちゃんの人生においては一八〇分の一もの大きさを占めるものですが、三〇歳にもなりますと、人生の一日に占める割合は一万一〇〇〇分の一程度にしか過ぎません。これは六カ月の赤ちゃんのわずか三〇分にも満たないものです。ですから、お母さんにとっての一日は「あっ！」という間に過ぎ去るように感じてしまうのです。

それに比べて、赤ちゃんの時間はお母さんよりもゆっくり流れます。すると物事にとりかかっても、赤ちゃんやお子さんの〝急いでいる〟というのは、大人にとっては〝ゆっくり〟に見えてしまいます。赤ちゃんは一生懸命急いでいるのに、お母さんから「急ぎなさい！」と言われる子供のこころの中を考えてみましょう。できれば、お子さんを急がせるよりも、急がなくてもよい環境を作り出してあげるように配慮したいものです。

＊何かに集中しているときは中断させない

モンテッソーリ法では、「集中現象」というものが子供に起こるといいます。赤ちゃんの発達段階には、その時期特有の「敏感期」というものがあります。敏感期とは、自分自身を成長させるために、特定の刺激に対して特有の反応を示すことですが、赤ちゃんや子供は自分が本当にやりたいことに出会ったときに、その作業をひたすら繰り返す「集中現象」を見せるのです。集中現象は次のような流れで起こります。

①自由に選ぶ
②自分のやりたいことに出会う
③同じことを繰り返して行なう
④繰り返していくに従い物事に集中していく
⑤存分に行なうことができたら充足感をもって終わる
⑥子供の精神に変容が起き、落ち着いた〝善い〟状態になる

集中現象が起きると、一目でわかります。

名前を呼んでも、ある程度騒いでもお子さんはその物事に集中し続けるからです。この集中現象を無理やり終了させてしまうとどうなるのでしょうか。子供のこころの中に深いストレスが残り、物事をやり遂げる能力が削がれてしまいます。ですから、子供がいったん集中現象を見せたらお母さんはあたたかい目で見守ってほしいのです。集中現象が起きても、家庭においてお母さんが時間や環境を整えてあげれば、家庭生活に支障をきたすようなことはありません。

なお、この集中現象は赤ちゃんや障碍を持ったお子さんにも見られます。

人はどういった身体的状態であろうと「一人でしたい！」という願望があります。その願望が集中現象の原動力の一つであると私は考えています。そして、障碍を持ったお子さんも健常児と同様、集中現象の後には精神的変容があり、それが「自立心」「自律性」を養う根源となります。

＊〝環境作り〟を大事にしよう

お母さんが赤ちゃんを育てるうえで、どういった〝人〟になってほしいと願いますか。「自立した人」でしょうか、「思いやりのある人」でしょうか。多くのお母さんが願う成長はこんなものではすみません。もっと貪欲な願いを持っているはずです。「精神的に自立して、有能で、責任感があり、他人への思いやりの心を持ち、学びに対して積極的な人」といった感じに複数の願いを持っていることでしょう。

このように書くと「二兎追うものは一兎をも得ず」だから、子供には過大な期待を持たないほうがよい、という声が聞こえそうですが、経験的に、こういった要素を持ち合わせた子供に育てることは不可能ではありません。実際にそういった子供は多数育っています。

私は赤ちゃんの環境作りのために、モンテッソーリ法の考え方を紹介しています。モンテッソーリ法というと、何か特殊な幼児教育法だとお考えの方もいるでしょう。ですが、実際には特別な玩具や特別な部屋などは必要ありません。お母さんからの愛のほかに、赤ちゃんが必要としているのは〝整えられた環境〟だけです。この整えられた環境により、赤ちゃんはこころもからだも成長していくのです。

私は、長く障碍を持ったお子さん方に接してきました。その中で障碍児と呼ばれるお子さん方に共通して見られることが二つあります。

まず、ほとんどの障碍児はリハビリテーションが嫌いです。そして、何かしらの負い目を背負っています。ですが、こういった子供にモンテッソーリ法を取り入れたリハビリテーションを行なうと〝自分でできる〟という自立心が芽生え、そしてリハビリテーションが楽しくなります。

赤ちゃんも同じです。赤ちゃんは、たとえ何かしらの障碍があったとしても、例外なく自分の中に自分自身を成長させ、発達させる力を持っています。お母さんは、赤ちゃんが要求する信号を感じ取り、赤ちゃんが要求する行為を、安全に行なえるような環境作りをして、赤ちゃんの「自分でする！」という活動を見守って、適切な援助をするだけに留めるのです。

たとえば、ハイハイをしたいのなら、歩き回って頭をぶつけてもケガをしないように、余計な家具を片付けたり、角にクッションを貼り付けたりします。思う存分ハイハイできたときの満足感は、顔を見れば一目でわかります。このように、赤ちゃんの要求に応えられるような、整えられた環境作りを行ない、お母さんが適切な援助を行なえば、きっと赤ちゃんは十分な成長や回復を遂げられることでしょう。

自立の芽を摘まない

人は不完全で生まれてきます。ですから、生まれたときから赤ちゃんは〝自立〟するために自分で何かをすることができません。お母さんがガイドとなり、赤ちゃんの自立を促していく必要があります。ところが〝赤ちゃんのため〟〝可愛いから〟〝早く終わらせたいから〟といった、自己満足的な思考から出てくる育児は、赤ちゃんの自立心を摘み取ってしまいます。

親にとって迷惑だと感じる行為の多くは、赤ちゃんにとって必要な〝儀式〟であることが多く、それをさせるかさせないかで、その後の赤ちゃんの自立を決定付けることがあります。

それでは、赤ちゃんの行為が、赤ちゃんにとって必要な儀式であるかどうかを見極めるには、どうすればよいのでしょうか。

観察をしていて、赤ちゃんが一生懸命行なっているかどうかが一つのカギです。迷惑だと親が思っても、赤ちゃんが一生懸命していることは、赤ちゃんが「一人でしたい！」という意思の表れで、その行為の裏側では「一人でするのを手伝って！」というメッセージがあります。それなのに、お母さんがその行為を「止めなさい！」と言

って、強制的に終わらせていては、赤ちゃんはいつまで経っても自立できなくなってしまいます。

だからといって、常に赤ちゃんに好き放題させなさいと言っているのではありません。お母さんがある程度、赤ちゃんの「一人でしたい！」をコントロールして、家庭での日常生活に支障をきたさない時間に、赤ちゃんの時間を存分に作ってあげればいいのです。

エアコンの使い方に注意

日本の生活に必要不可欠となったエアコンも、使い方によっては赤ちゃんの発育に大きな影響を与えてしまいます。とくに、発育障碍や精神障碍を持ったお子さんを見てみますと、暑くても汗をかかない子が多いように思われます。こういった障碍のあるお子さんには、季節折々の過ごし方に気をつけるだけでも発育を促す可能性があるのです。

一般的に室内と室外の温度差は、五度を限度としてエアコンの温度調節を行なうようにします。ところが、お子さんに何かしらの障碍があると、とくに夏場はエアコンに頼りすぎる傾向にあります。低月齢の赤ちゃんや脳に障碍を持った子供は、体温調節がうまくできにくいので温度調節は必要ですが、それでも自然な空気の流れを感じさせる必要があります。

生後四〜五カ月以降であれば、夏場は一日に一回以上は汗をかかせる、冬場は短時間でも肌の引き締まる寒さを一日一回は経験させるようにしたいものです。こうすることで、赤ちゃんのからだは体温を調節しようと働き、それが脳への刺激となって脳を活性化させます。脳へ様々な刺激を与えることで、赤ちゃんのからだの発育だけでなく、脳の発育も促せるのです。

もちろん夏場に「冷房はよくないのでエアコンなしの生活をしていたら、子供のあせもがひどくなった」というのでは困ります。エアコンはつけっぱなしにしないで、上手に活用することをおすすめします。

エアコンを使う際には、次のことに気をつけるようにしましょう。

・週に一度はフィルターの掃除をしましょう（喘息やアレルギーを軽減します）

・エアコンはこまめに切るようにしましょう（皮膚の乾燥を防ぎ、アトピー性皮膚炎を軽減します）
・エアコンの風が直接肌に当たらないようにします（体温調節機能を狂わせてしまう）
・二〜三時間に一度は一〇分間の空気入れ替えをしましょう（部屋の二酸化炭素を十分に減らす）
・設定温度は外気温のプラスマイナス五度以内にする（お子さんの自律神経の働きを促す）

早期教育はほどほどに

お母さんはなんでも〝早く〟が好きです。ご飯を食べるのも〝早く〟、出かけるときの支度も〝早く〟、お買い物に出かけても、お片づけをしているときも、洋服を脱ぐときも、いつも早く、早く、早く……。

先ほども書きましたが、育児の中心はお母さんではなく赤ちゃんです。赤ちゃんを健やかに育てるうえで忘れてはいけないことは、「赤ちゃんの時間」にあわせた生活を送ることです。

お母さんの〝早く〟はこれ以外にも見られます。それは「早期教育」というものです。

子供には無限の可能性が広がっています。これは、知育、感性、能力、回復力といった様々なことにいえることです。人間の脳の大部分は使うことなく生涯を過ごすことになりますので、その使っていない部分を少しでも多く使えるようにすれば、高い能力を持った子供に育つような錯覚に陥ります。

以前、あるお子さんに知能検査を受けさせました。結果はＩＱ一四〇以上。試験官が驚くような結果でしょうが、その家族はそれほど驚きませんでした。なぜなら、どういった試験を行なうか私やその家族はよく知っていますから、事前に、対策を講じさえすれば誰でも同じ結果になることが多いのです。ゆえに、本当にＩＱが高いとはいえません。

ところが、多くの早期教育の場合、これと同じようなことを行ない、ＩＱを高く出させていることはあまり知られていません。

早期教育で使われるカードやペーパーによる教育は、短期的に物事を教えるのには適しているかもしれません。お母さんの「〝早く〟一定以上の知育レベルになってもらいたい」という願望を満たすかもしれません。ですが、子供の「本物」を知りたいという願いとはほど遠い教育です。

本物とは、ペーパー上のものではなく、実在しているものです。ゴリラも図鑑で見れば手軽ですが、動物園で見ると、ゴリラの大きさ、動き、臭いなど様々なものが五感を通して入ってきます。本物に触れる機会の少ない子は、イマジネーションが育ちにくいと言われています。早期教育のすべてが悪いとは言いませんが、本物と接する教育を行なうようにしてください。

小学校受験を行なうのであれば、少なくとも年中の秋ぐらいまでは、本物と接する機会をなるべく持たせてください。ペーパーはその後からでも遅くありません。障碍を持っているのであれば、なおさら本物と接するようにしてください。持ちうる感覚すべてを通しての体験は、脳の機能を高め、教育的にも、そしてリハビリテーションとしても最適なのです。

2 食事で気をつける三カ条

赤ちゃんの健康を守るうえで、守ってもらいたいと考えていることが三つあります。それは「母乳育児」「離乳食を遅らせる」「アレルギー食品を減らす」の三つです。この三つを守るだけで、アレルギーの少ない、心身ともにすくすくと育つ赤ちゃんになります。

なるべく母乳を与える

「母乳が大切」と言われますが、母乳による育児のメリットを知らない人が意外と多いようです。そこで、一般的に言われる母乳育児のメリットを簡単に紹介していきます。

＊赤ちゃんにとってのメリット

- **母乳は最高の栄養バランス食品**
- **アレルギーを減らす**

・消化吸収がよく腸に負担をかけない
・五感が発達する
・顎の発達を促す
・歯列を整える
・適温の栄養が摂れる
・情緒の安定した子供になる

＊お母さんにとってのメリット

・母性本能を育むことができる
・妊娠脂肪を効果的に減らすことができる
・骨粗しょう症のリスクが減る
・女性特有のガンの発生を減らす

「母性本能を育む」というのは母乳育児をしている人のほうが育みやすいものです。子供を虐待してしまうとか、無視してしまうといったお母さんの精神的な弱い部分を強力に補ってくれますから、できるだけ人工乳に頼らず母乳育児を行なうようにしたいものです。

また、様々な理由で母乳が出なくなった場合、出なくてもいいですからおっぱいを吸わせてみてください。その時は「母乳が出ない」といったことは考えず、赤ちゃんとのスキンシップの一環として吸わせるとよいでしょう。きっとお母さんのおっぱいを吸う赤ちゃんの姿を見て、「愛しい」という気持ちがどんどん芽生えてくるはずです。その「愛しい」気持ちが、赤ちゃんとの生活における様々な困難を乗り越える力となることでしょう。

離乳食は遅くする

近年、離乳食開始が徐々に早まってきているように思います。以前ですと、一歳近くまで母乳のみだったというお母さんが少なくなかったのですが、最近では四カ月もしないうちに、離乳食の準備を開始しているお母さんが増えています。実はこの離乳食の早期開始が、アレルギー体質の赤ちゃんを増やしている原因の一つではないかと思うのです。

赤ちゃんの腸は非常に脆弱《ぜいじゃく》です。かなり成長しても腸の成長はからだほどではなく、一歳近くになっても十分に栄養を吸収できる働きを期待するというのは酷というものです。二歳児であってもまだ不十分ではないかと思います。

そういった未熟な腸の状態にもかかわらず離乳食を早めるのは、赤ちゃんのからだにとって負担にしかなりません。

腸は大きく小腸と大腸に分類されます。そのうち栄養を吸収するのは小腸で、栄養は小腸にある絨毛突起《じゅうもう》から吸収されます。絨毛は絨毯《じゅうたん》の毛のような小さな突起状で、からだに必要なものを選択して吸収しています。ところが腸に負担をかけていますと、しだいに絨毛の働きが阻害されてしまい、成熟した腸なら吸収しないようなアレルゲン（アレルギー反応を引き起こす原因物質）なども吸収するようになります。皮膚が薄く、体力のない赤ちゃんはアレルゲンに対する反応が強く出ますから、アトピー性皮膚炎様症状を起こしやすいのです。

そういった状態が続くと、腸が成熟してきてもアレルゲンの吸収が行なわれ、アトピー性皮膚炎へと移行していくのです。離乳食の開始は、できれば一歳くらいまで遅らせたほうが、アレルギーとは無縁の健康なお子さんに成長するのではないかと思います。

日本人に多いアレルギー食品は極力与えない

アレルギーを起こしやすい食品といえば、「牛乳・卵・大豆・米・小麦」です。このアレルギー食品を与える時期を極力遅らせることが、赤ちゃんをアトピー性皮膚炎にしない最良の方法です。

そのためには前述したように、離乳食の開始時期を遅らせること。次に「牛乳」と「卵」を三歳まで極力与えないこと。「米」「小麦」は精白したものを与えること。そして「大豆」は発酵させたものから与えるようにすることです。

こう書くと、『米』『小麦』は精白したものを与えること」にお母さん方から質問が多く寄せられそうですが、これは「赤ちゃんの腸が未熟」ということが関係しています。玄米や小麦フスマは大人でも十分に吸収することができません。たしかに栄養は豊富ですが、赤ちゃんやお子さんにとっては吸収することが非常に困難です。そして腸には大きな負担となってしまいます。

お子さんのアトピー性皮膚炎で悩むお母さんの中には、離乳食に玄米を使う人がいます。試しに精白米に切り替えてみてください。それだけでも皮膚の状態が改善することがわかります。

玄米や小麦フスマを与えるのは、小学校に入ってからでも遅くありません し、精白米に抵抗のあるお母さんは胚芽米という選択もあるでしょう。ですが、お母さんやお父さんのどちらかがアレルギー体質なら、高確率で赤ちゃんもアレルギー体質になりやすいので、これらの食品については、与え方を十分に注意するようにしたいものです。

3 最も重要なのは〝愛している〟を言葉と態度で示す

赤ちゃんを健康に育てるうえで一番大切なこと、それは〝愛〟です。

こう書くと、少し宗教的に感じますが、私は宗教を否定しませんが肯定もしません。

ただ、ベビードレナージュを行なううえで〝愛〟というのが重要なキーワードであることから、本書の最後に書かせてもらいたいと思うのです。

それでは、どうすれば赤ちゃんを愛することができるのでしょうか。

「赤ちゃんのためにきれいな洋服を買ってあげたい」「赤ちゃんのために美味しい食事を用意したい」「赤ちゃんのために……」。たくさん考えが浮かんでくると思いますが、実はこれらの多くは赤ちゃんを愛している、というものではありません。少し乱暴な言い方になりますが、単なる親のエゴの領域を出るものではないのです。

以前、心理学講座の中で、日曜日になると神父をされる教授が信仰というものについて話してくれました。

「信仰というのは、心の平安が欲しいとか苦しみの中から救って欲しいといったことを目的とするのではなく、神様とともに歩みたいと願うことをいうのです」といった主旨のお話でした。たしかにそのとおりだと思います。

ご利益《りやく》ばかりを追求するのであれば、それは一方的な願いであり、それがかなえられなければ〝信仰〟はすぐに破綻してしまうものです。どのような宗教であっても、信仰というものは、神との心の交わりを指すものではないでしょうか。

赤ちゃんを愛するということも同じです。赤ちゃんに何かしてあげたいということは素晴らしいことだと思いますが、その行動が、親としてのエゴを満たすものであったり、感謝されたいというものであったりするならば、それは赤ちゃんを親の従属物とみなしているに過ぎません。

私が考えるに、赤ちゃんを愛するということは「これからの人生を赤ちゃんと一緒に歩んでいこう」という願いを持って行動することだと思います。そうすることで、赤ちゃんへの自発的な行為が生じ、ベビードレナージュを行なうときも、義務的なものではなく、喜びの中から行なえるようになるのです。

いつも赤ちゃんに語りかけを

語りかけの少ない子供は、言葉数が少なかったり話し始めが遅かったりする傾向にあると言いますが、私の実感として、語りかけの少ない赤ちゃんは笑顔が少なく、また、何かしらの身体的・精神的な問題を抱えているように思います。

語りかけは、お母さんの愛を赤ちゃんに伝える最高の贈り物です。

しかし残念なことに、「どうせ意味もわからないから」と積極的に語りかけをしないお母さんがいます。ところが、赤ちゃんは胎児の頃からお母さんの声を聞き続けており、生まれたばかりの赤ちゃんでさえ、自分のお母さんの声を識別できるといいます。赤ちゃんがお母さんの語りかけに耳を傾けないはずがありません。

これは、脳性小児麻痺やダウン症、そのほか重度の知的障碍を持ったすべての赤ちゃんに対しても言えることです。

赤ちゃんはお母さんの語りかけに対

して、わかりやすい反応をしないかも知れません。もしかしたら半年経っても一年経っても、代わり映えしないわずかな反応かも知れません。ですが、たしかに言えることは、〝赤ちゃんはお母さんの語りかけを確実に聞いている〟ということです。

赤ちゃんは、自分の意思をお母さんに伝える回路がまだ十分に完成していません。大好きなお母さんの声を聞いてとても気持ちのいい気分になり、コミュニケーションを持とうとします。それにお母さんが気づいてほしいのです。

「赤ちゃんと一緒に歩んでいこう」とすれば、おのずと赤ちゃんからの「お母さん大好き」という信号をキャッチできるはずです。お母さんが赤ちゃんに積極的に語りかけることで、言葉によらない、身振り手振りによらない〝心のコミュニケーション〟によって、赤ちゃんの発育は促され、困難を乗り越えることができるようになるのです。

一日一回はギュッと抱きしめる

赤ちゃんを授かったお母さん方は、とても頑張って育児をされています。とくに、何か育児の悩みを持つお母さんの多くは、神経をすり減らすのではないかと思うくらい、育児に没頭します。

そこで私はまず、「頑張りすぎないでいいですからね」と一声掛けるようにしています。

それは、育児を頑張り過ぎると、時に、視野が狭くなってくるようで、赤ちゃんからの信号を見落としてしまい、一方通行の育児になってしまうことがあるからです。本書に紹介したベビードレナージュを行なうのはよいことですが、「こんなに頑張っているのに！」と思って行なっても、赤ちゃんにとっては苦痛であることが少なくないのです。ですから、少なくとも一日に一回は、純粋に子供を愛しいと思える時間を作ってほしいのです。

赤ちゃんはお母さんに愛されたいと思っています。お母さんは赤ちゃんを愛したいと思っています。お互いの気持ちをしっかりと結びつけるには、ギュッと抱きしめることが一番です。

赤ちゃんにはもともと強い発達力や回復力があります。しかし、これらの力を高める一番の特効薬は、薬でもリハビリテーションでも、そしてベビードレナージュでもありません。

お母さんの愛。それが、赤ちゃんの発育に欠かせない一番の特効薬だということを忘れないでほしいと考えています。

ギュッ

気持ちを込めて、目を見ながら〝愛している〟

赤ちゃんがはじめに識別できる形は何かご存知でしょうか。

お母さんのおっぱいでしょうか。それともとても素敵な音がするガラガラでしょうか。実はこのどちらでもなく、赤ちゃんは〝顔〟を最初に識別するのです。

ですから、せっかく語りかけをしても、赤ちゃんにお母さんの顔が見えなければ、大好きなお母さんの声がしても存在が確認できませんから、不安に思うかもしれません。お母さんは赤ちゃんに自分の顔をしっかりと向け、赤ちゃんの目を優しく見つめながら語りかけをしてほしいのです。

できれば一日に何度かは、特別な語りかけの時間を持つことをおすすめします。

恋人同士でも夫婦間でも、特別な語り合いの時間があると思います。お母さんと赤ちゃんにもそういった時間を持ってほしいのです。赤ちゃんに母乳を飲ませながらでも構いません。赤ちゃんと視線を合わせて、ひと言「○○ちゃん。愛しているよ」と口に出してみてください。きっとあなたの中で何かを感じるはずです。その何かを感じはじめると、たとえ、赤ちゃんに障碍があり、将来に不安を感じていても、その不安は和らぎ、赤ちゃんと一緒にいることが楽しく感じるようになります。

賢明なお母さんはおわかりだと思いますが、それが「赤ちゃんを愛する」ということです。できれば、赤ちゃんは夫婦の愛情の結晶ですから、夫婦の愛とともに赤ちゃんへの愛を育んでほしいと思います。ご主人に対しても「愛している」と言ってみてください。きっと家族の中で何かが変わりはじめるでしょう。

私は娘が生まれて間もない頃から言い続けていることがあります。最初は言うのも恥ずかしくて、照れながら言っておりましたが、今では私にとっても妻にとっても、そして娘にとっても家族の絆を強める、そして実感できる言葉となっています。

「お父さんとお母さんはいつもあなたのことを愛しているんだよ」

講習会について

本書で紹介しましたベビードレナージュの講習会を無料で行なっております。五～一〇家族ほど集まってくだされば日本各地にうかがっております。

お申し込みは、家族会、療育センター、児童館、幼稚園などの団体だけでなく、個人のお申し込みもお受けしております。

都内二三区であれば、交通費も必要ありません。それ以外の場合は、交通費のみご負担いただければと思います。定例で開催をご希望のグループは事前にご相談ください。

うかがえる範囲は、片道一五〇分程度を目安としていますが、今まで、東北から関西まで様々な場所にうかがいました。一人でも多くのお子さんにマッサージを行なってもらいたいと考えておりますので、お気軽にご相談ください。

なお講習会では、お茶菓子、飲み物、食事など、いっさいお気遣いなくお願いしております。

●概要

時　間：一回一時間程度

費　用：無料（二三区外は交通費のみご負担お願いします）

内　容：ベビードレナージュほか、症状緩和のためのマッサージ

継　続：継続をご希望の場合も、無料でうかがいます。

その他：物品の販売・施術の勧誘はいっさいありません。

●お申し込み方法

メールまたはお電話にてお申し込み下さい。

・お名前
・連絡先（電話およびメールアドレス）
・会の名称、または団体の名称
・参加人数
・ご希望の講習会の内容
・ご希望の日程

詳しくはこちらのサイトをご覧下さい。
東京ボディセラピストサロン
http://www.tokyobody.jp/

＊埼玉県での講習会風景＊

＊宮城県での講習会風景＊

おわりに

毎年、多くの赤ちゃんと接しています。ダウン症や脳性麻痺、原因不明の症状に悩まされているお子さんから、夜泣き、向き癖、頭の形など本当に様々な悩みを持って私のところに来られます。

そして、少なからずのお母さんは心配しすぎる傾向があります。特に「頭のゆがみ」に対してその傾向は大きいようです。

「頭のゆがみが障害を起こすと聞いて」と言われることが多いのですが、そんなことはありません。人間というのはもともと左右対称にはできていません。たとえば、肝臓は右に寄っていますし、心臓は左側という具合です。頭の形の左右差を気にされたとしても少々のものは気にする必要はないのです。

「頭のゆがみ」は障碍の原因になりません。たとえばダウン症は遺伝子による症状ですし、脳性麻痺の場合は脳の障害です。ですから「頭のゆがみ」を直したからといって障碍が治ることはないのです。

将来、障碍が起こるかもしれない、という不安を持って私のところにお越しになるお母さんもいます。「こんなに頭の形がいびつなのだから、きっと何かしらの障碍が起こるのでは……」と心配されて赤ちゃんを私のところに連れて来ます。これも多くの場合、杞憂《きゆう》といえます。あなたの周りに頭の後ろが〝絶壁〟と言われる人がいると思います。その方は障碍で苦しんでいるでしょうか。目の高さが左右異なっていたり、鼻が曲がっているからといって何かしらの障碍が起こることはありません。

美容上の問題を訴える人もいます。余程のことではないかぎり、成長とともに気にならなくなります。赤ちゃんの骨格は生活に適した形に日々作りかえられているからです。多くの場合は一回施術したら、あとはセルフマッサージを教えて終了となります。それでも気になる方は一年後に来てもらっています。先日、お嬢さんが中学校に上がったからといって挨拶《あいさつ》に来られた親子がいました。お母さんが気にしていた頭の形は今はきれいな形になっていました。そのお子さんはセルフマッサージしか行なっていません。

起こるはずもない障碍を恐れて、大切な赤ちゃんとの時間を過ごすのは本当にもったいないことです。赤ちゃんとの大切な時間は、一分一秒たりとも無駄に過ごしてほしくありません。赤ちゃんとの楽しい有意義な時間を過ごすためにベビードレナージュを活用してください。

赤ちゃんとのスキンシップを図りながら、お母さんの心にゆとりが持てるようになれば、この本を書いた目的は達せられたと思います。

山田光敏

著 者 紹 介

山田光敏
（やまだみつとし）

北海道に生まれる。鍼灸マッサージ師。1996年にリンパドレナージュの書籍を執筆して以来、多数のリンパドレナージュ本に携わる。東京身体療法研究所にて赤ちゃんに対する様々な相談や施術を行なっている。著書に『関節の痛みがミルミルとれる！』『リンパドレナージュ・ダイエット』（以上、ＰＨＰ研究所）他多数。

＊東京ボディセラピストサロンHP
http://www.tokyobody.jp/

撮影：中島繁樹

【参考文献】

1.Imaging Study Shows Brain Maturing：The National Institute of Mental Health；Press Release May 17th, 2004

2.『ボイタ法の治療原理—反射性移動運動と運動発達における筋活動』 富雅男訳　医歯薬出版　2002年

3.『おかあさんのモンテッソーリ』　野村緑著　サンパウロ社　1995年

4.『ダウン症ハンドブック』　菅野敦他　日本文化科学社　2005年

健康な子、元気な子に育つ
ベビードレナージュ

2007年６月４日　第１版第１刷発行
2013年３月11日　第１版第10刷発行

著　者　山田光敏
発行者　小林成彦
発行所　株式会社ＰＨＰ研究所
東京本部　〒102-8331　千代田区一番町21
書籍第二部　☎03-3239-6227（編集）
普及一部　☎03-3239-6233（販売）
京都本部　〒601-8411　京都市南区西九条北ノ内町11
PHP INTERFACE http://www.php.co.jp/
印刷所
製本所　凸版印刷株式会社

©Mitsutoshi Yamada 2007 Printed in Japan
落丁・乱丁本の場合は弊社制作管理部（☎03-3239-6226）へご連絡ください。
送料弊社負担にてお取り替えいたします。

ISBN978-4-569-69125-1